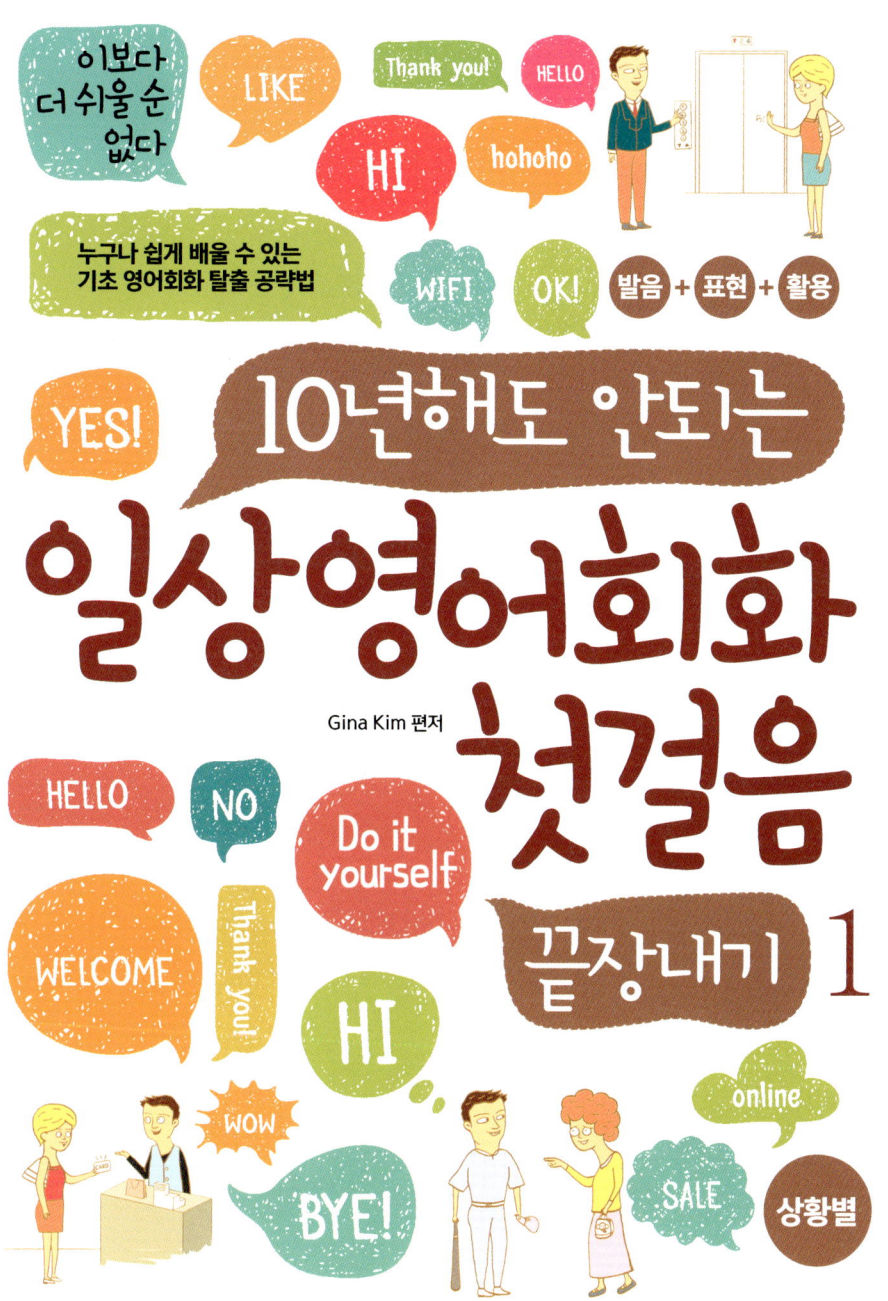

**10년해도 안되는
일상영어회화 첫걸음 끝장내기1(상황별)**

초판 1쇄 발행 2016년 5월 31일
초판 8쇄 발행 2024년 8월 28일

지 은 이 지나김
펴 낸 이 고정호
펴 낸 곳 베이직북스

주　　소 서울시 금천구 가산디지털1로 16, SK V1 AP타워 1221호
전　　화 02) 2678-0455
팩　　스 02) 2678-0454
이 메 일 basicbooks1@hanmail.net
홈페이지 www.basicbooks.co.kr

출판등록 제 2021-000087호
ISBN 979-11-85160-30-6 14740

* 가격은 뒤표지에 있습니다.
* 잘못된 책이나 파본은 교환하여 드립니다.

 # Preface

일상생활과 관련된 영어회화는 대체적으로 쉽다고 얘기하곤 한다. 왜냐하면 의사소통에 초점을 두는 측면도 있겠지만 특정한 상황에서 활용될 수 있는 기본 표현은 한정되어 있기 때문이다. 물론 영어적인 습관이나 사고방식이 내재된 표현은 어렵겠지만 일상적이면서도 기본적인 영어표현은 실제 생활 속에서 자주 사용하다보면 저절로 체득되기 마련이다.

이 책에는 일상생활에서 마주치는 표현들로 구성되어 있으므로 상황별로 외우고 익히다보면 영어회화도 그다지 어렵지 않음을 느낄 수 있을 것이다. 서툴더라도 우리말 대신 영어로 소통하려는 마음가짐과 의욕만 있으면 굳이 유학을 가거나 영어회화 학원을 다니지 않더라도 100일 정도의 노력을 기울인다면 기초적인 영어회화는 가능하게 될 것이다.

영어를 능숙하게 구사하는 사람들의 의견을 들어보면 한결 같음을 알 수 있다. 외국인 앞에서도 쫄지 않는 배짱과 용기, 그리고 영어회화에 대한 두려움에서 벗어날 수 있는 자신감이야말로 유창한 영어회화를 구사할 수 있는 비결이라고 한다.

첫째, 영어회화를 잘 하려면 배짱이 두둑해야 한다.

영어도 우리말과 같은 언어적인 수단이요, 의사소통의 도구에 불과하다. 따라서 외국인을 만나더라도 쫄지 않아야 하며, 혹시 틀리더라도 영어는 외국어이니까 당연하다는 인식을 가져야 한다. 그리고 영어회화는 영문법에 대한 두려움에서 벗어나야만 한다.

둘째, 영어회화를 잘 하려면 할 수 있다는 자신감을 가져야 한다.

이미 우리는 중고등학교 영어 시간을 통하여 기초적인 어휘와 영문법을 배웠으므로 기초 실력은 충분하다. 다만, "과연, 니가 영어회화를 단기간에 해낼 수 있을까?"하는 의구심에서 벗어나는 것이 중요하다. 영어회화를 유창하게 구사하려면 우직하게 노력하는 길밖에 다른 왕도가 없다.

셋째, 영어회화를 잘 하려면 크게 따라하면서 익혀야 한다.

요즘은 외국인(네이티브)이 들려주는 mp3파일이 제공되므로 들으면서 큰 소리로 따라하다 보면 자기도 모르는 사이에 자신감이 충만해짐을 느낄 수 있을 것이다. 처음에는 다른 사람의 영어표현이 귀에 들리는 것이 중요하다고 하는데, 물론 배운 표현은 누군가에게 써먹어야만 실력으로 남게 된다.

넷째, 영어회화를 잘 하려면 영어공부를 매일매일 집중적으로 익혀야 한다.

서양인들이 어릴 적부터 영어 실력을 가지고 태어나는 것이 아닌 것처럼 우리도 하나씩 외우고 익히다보면 저절로 입에 달라붙게 될 것이다. 언어 관련 전문가들이 말하길 약 하루 30분씩 100일 동안만 집중하면 말문이 터지고 귀가 뚫린다고 한다.

다섯째, 영어회화를 잘 하려면 Native Speaker를 친구로 삼아라.

사실 영어회화는 궁하면 통하는 법이다. 가령, 영어회화가 절실한 사람에게 학습효과가 배가되는 것처럼 구체적인 목표를 설정해두는 것이 많은 도움이 된다고 한다. 해외여행이나 유학, 외국인 회사의 취업 등 영어회화가 간절한 환경일 때 비로소 어학 실력은 저절로 향상될 것이다.

요즘에는 우리가 영어 공부에 조금만 더 관심을 갖는다면 학습의 수단과 방편은 도처에 늘려 있다. 학원, 학교, 미드, 전화영어, 그리고 지구상의 어떤 누구와도 인터넷상의 SNS를 통하여 서로 소통을 할 수 있다. 영어적인 습관과 사고력은 단기간에 길러지기는 어렵겠지만 일정한 궤도에 진입하면 금방 일취월장한다고 한다. 매일매일 24시간의 일상생활을 영어로 체험할 수 있는 환경으로 바꿀 수 있다면 금상첨화가 될 것이다.

이 책은 『10년해도 안되는 일상 영어회화 100일만에 끝장내기』 위한 프로젝트로 기획되었으며, 어떤 책보다 쉽고 빠르게 단기간에 영어회화를 정복할 수 있도록 독자 여러분을 이끌어주게 될 것이다. 영어는 소통의 수단일 뿐이다! 영어 공부는 영어를 통한 지식을 쌓는데 목적이 있지만 우선 당장 우리에게는 의사소통이 궁극적인 목표가 되어야만 한다.

2016년 5월에 즈음하여

Gina Kim

이 책의 구성과 학습법

우리는 그 동안 비효율적인 영어 공부에 너무도 많은 시간을 허비하였을 뿐만 아니라 영어에 쏟은 열정이나 비용을 생각하면 너무 억울한 심정이 들 것이다. 우리 사회의 교육체제의 일관성 부재도 한몫을 하였겠지만 무엇보다 우리 자신들의 영어교육에 대한 잘못된 인식 탓이다.

독자 여러분들이 지금까지 영단어를 엄청날 정도로 많이 외우고, 영문법을 아무리 달달 외운들 영어 실력이 맘처럼 향상되었는지요? 비효율적인 접근법으로 인하여 허송세월을 보낸 시간이 아까울 것이다. 아무리 기초적인 영어표현이라 하더라도 서양인들의 발음에 대한 속도를 극복하지 못하거나 실생활 속에서 사용되는 쓰임새와 활용을 제대로 파악하지 못한다면 어려울 수밖에 없다.

♣ 본서의 구성

본서는 〈일상영어회화 첫걸음1 [상황편]〉과 〈일상영어회화 첫걸음2 [장면편]〉 2권으로 구분하였으며, 총 16개의 Chapter와 총 149개의 Unit으로 구성되어 있다. 실생활에서 바로바로 사용되는 기본표현을 중심으로 화자와 청자의 입장에서 동시에 활용할 수 있도록 배려하였다.

- **CONVERSATION** : 실전에 활용하는 다이얼로그
- **BASIC EXPRESSIONS** : 실생활에 사용하는 기본표현
- **CHECK-POINT** : 영어회화를 위한 영문법

♣ 본서의 활용 방법

우선 각 Unit마다 제공된 도입부의 학습 상황을 파악한 다음, 네이티브가 들려주는 mp3파일을 듣고 반복적으로 따라하다 보면 영어표현마다의 고유한 뉘앙스가 저절로 느껴지게 될 것이다. 느린 속도와 정상적인 속도에 적응하는 기간이 끝나게 되면 표현마다 지닌 의미적인 쓰임새와 뉘앙스에 주의력을 집중해야 한다. 어떤 경우에 사용되는 표현인지 파악하지 않고 무작정 외우는 것은 학습효과에 아무런 도움을 주지 못한다.

- 1단계 : 영단어 암기
- 2단계 : MP3소리파일 듣기
- 3단계 : MP3소리파일 듣고 따라하기
- 4단계 : 기본 표현 읽기 & 익히기

* '콜롬북스어플'을 이용하면 MP3파일을 스마트폰에서 바로 다운로드 할 수 있습니다.

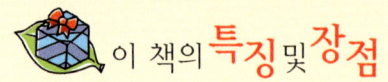
이 책의 특징 및 장점

본서는 그 동안 한국 사회에서 수많은 저자들이 추구해온 영어회화 공부법에 대한 각성의 일환으로 학습법의 새로운 패러다임의 변화를 위해 마련된 기획서이다.

독자 여러분도 알고 있다시피 영어회화가 어려운 건 아님에도 불구하고 외국인만 보면 주눅이 들거나, 해외여행시 현지인들에게 한마디조차 건넬 수 없는 형편이지만 이 책의 특징과 장점을 제대로 파악한다면 영어회화가 한결 쉽게 느껴지게 될 것이다.

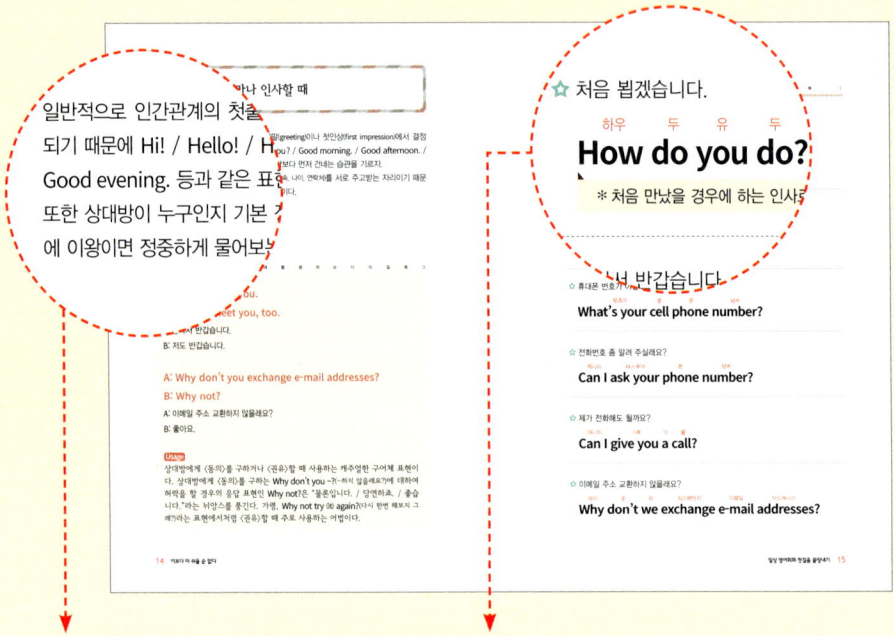

1. 일상생활 위주의 구어체 영어회화

어법 중심의 교재는 표현이 어려운 반면에 실생활에서 자주 사용하는 구어체 표현은 비교적 쉽고 간단하다. 그만큼 배우기도 수월하다.

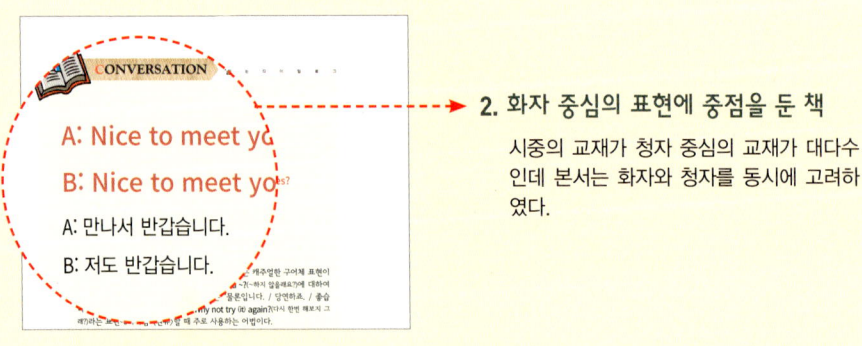

2. 화자 중심의 표현에 중점을 둔 책

시중의 교재가 청자 중심의 교재가 대다수인데 본서는 화자와 청자를 동시에 고려하였다.

3. 표현마다의 뉘앙스에 충실한 교재

쉬운 표현이라 하더라도 이해하기 어려운 표현마다 뉘앙스와 관련된 해설을 보충하였다.

4. 일상생활에서 실제 상황에 활용되는 표현

각 상황별마다 활용하기 쉬운 기초 표현에 충실하였으며, 실제로 일상생활에서 사용되는 표현만 엄선하였다.

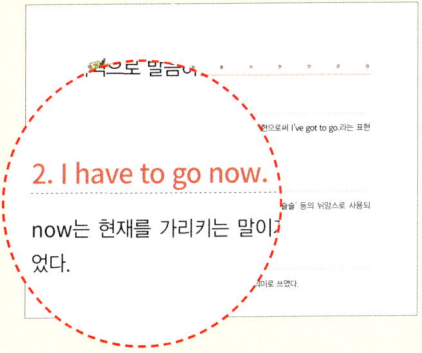

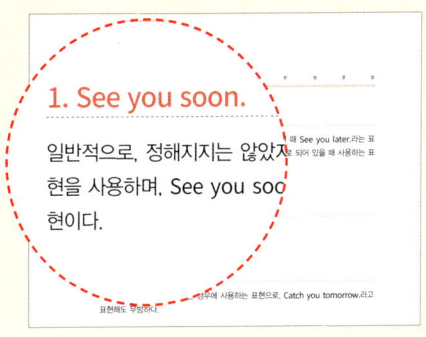

5. 원어민의 발음에 가장 가깝게 한글발음 표기

미국식 영어발음 원리에 의한 한글표기를 병기하여 초보자라도 정확한 발음법을 익힐 수 있도록 배려하였다.

6. 기본 필수표현 및 관용표현 엄선

꼭 필요한 관용 표현은 추가 해설을 넣어줌으로써 기본적인 필수 표현에서 부족한 부분을 보충하도록 하였다.

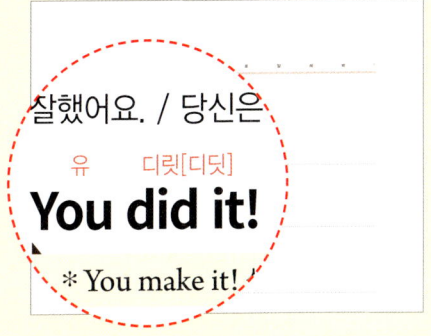

7. 영어회화 학습과 관련된 유용한 정보와 팁

각 상황마다 관련 정보를 제공하였으며, 핵심패턴과 관련된 표현은 팁(Tip) 코너에서 보충하여 학습하도록 하였다.

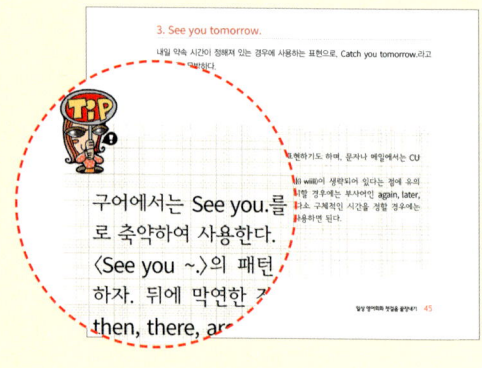

8. 구어체에서 요구되는 영어회화를 위한 영문법

우리가 학창시절에 배운 영문법의 개념에서 벗어나 구어체 영어에 충실한 어법을 제시하였다.

9. 일상생활 체험24시 독학용 영어회화 교재

일상생활에서 활용되는 표현을 통하여 해외여행이나 유학생활에 도움이 될 수 있도록 구성하였다.

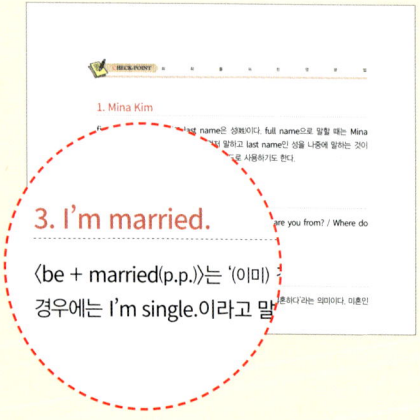

Contents

Chapter 1 인사와 소개

- Unit 1   처음 만나 인사할 때 • 14
- Unit 2   아는 사이에 인사를 나눌 때 • 18
- Unit 3   자신을 소개할 때 • 22
- Unit 4   신상을 물어볼 때 • 26
- Unit 5   사람을 소개할 때 • 30
- Unit 6   직업을 말할 때 • 34
- Unit 7   기약 없이 헤어질 때 • 38
- Unit 8   다음을 기약하며 헤어질 때 • 42
- Unit 9   잘 자라고 인사할 때 • 46

Chapter 2 약속과 초대

- Unit 1   초대하고자 할 때 • 52
- Unit 2   상대방의 스케줄을 확인할 때 • 56
- Unit 3   약속 날짜를 정할 때 • 60
- Unit 4   약속 시간을 정할 때 • 64
- Unit 5   약속 장소를 정할 때 • 68

Chapter 3 날짜와 시간, 날씨

- Unit 1   날짜를 말할 때 • 74
- Unit 2   시간을 말할 때 • 78
- Unit 3   날씨에 관해 말할 때 (1) • 82
- Unit 4   날씨에 관해 말할 때 (2) • 86
- Unit 5   날씨에 관해 말할 때 (3) • 90
- Unit 6   날씨에 관해 말할 때 (4) • 94

Chapter 4 기분과 감정

- Unit 1   고마움을 표현할 때 • 100
- Unit 2   미안함을 전할 때 • 104
- Unit 3   명절이나 기념일에 인사를 건넬 때 • 108
- Unit 4   축하의 인사를 건넬 때 • 112
- Unit 5   부당함에 항의할 때 • 116
- Unit 6   오해가 생겼을 때 • 120
- Unit 7   방해를 받을 때 • 124
- Unit 8   믿기 어려울 때 • 128
- Unit 9   놀랐을 때 • 132
- Unit 10 실망하거나 후회할 때 • 136
- Unit 11 절망적일 때 • 140
- Unit 12 피곤할 때 • 144
- Unit 13 따분하거나 지루할 때 • 148
- Unit 14 졸릴 때 • 152
- Unit 15 흥미나 관심이 없을 때 • 156

Chapter 5 칭찬과 격려

- Unit 1   운이 좋을 때 • 162
- Unit 2   칭찬을 할 때 • 166
- Unit 3   상대의 의견에 응대할 때 • 170
- Unit 4   맞장구칠 때 • 174
- Unit 5   위로를 건넬 때 • 178
- Unit 6   용기를 북돋울 때 • 182
- Unit 7   격려를 해줄 때 • 186

Chapter 6 염려와 배려

- Unit 1　일상적인 사연을 물어볼 때 • 192
- Unit 2　구체적인 사연을 물어볼 때 • 196
- Unit 3　구체적으로 질문할 때 • 200
- Unit 4　다소 불확실할 때 • 204
- Unit 5　건강 상태를 체크할 때 • 208
- Unit 6　기분이 어떠한지 물어볼 때 • 212
- Unit 7　이해여부를 확인할 때 • 216
- Unit 8　계획이나 스케줄을 알려줄 때 • 220
- Unit 9　상대의 이야기에 맞대응할 때 • 224

Chapter 7 제안과 권유, 충고

- Unit 1　제안이나 권유를 할 때 • 230
- Unit 2　주의를 요청할 때 • 234
- Unit 3　경고나 주의를 줄 때 • 238
- Unit 4　주의를 환기시킬 때 • 242
- Unit 5　조용해달라고 요청할 때 • 246
- Unit 6　위험을 경고할 때 • 250
- Unit 7　재촉하거나 종용할 때 • 254
- Unit 8　신중하라고 권유할 때 • 258
- Unit 9　서두르지 말라고 충고할 때 • 262
- Unit 10　순서나 차례를 정할 때 • 266

Chapter 8 요구와 거절

- Unit 1　기다려달라고 양해를 구할 때 • 272
- Unit 2　시간적인 여유를 찾고자할 때 • 276
- Unit 3　확신이 서지 않을 때 • 280
- Unit 4　시간적 여유가 없을 때 • 284
- Unit 5　거절을 할 때 • 288
- Unit 6　너무 바쁠 때 • 292
- Unit 7　찬성할 수 없을 때 • 296
- Unit 8　금지할 때 • 300

Chapter 9 요청과 부탁

- Unit 1　양해를 구할 때 • 306
- Unit 2　부탁을 할 때 • 310
- Unit 3　뭔가 잘 모를 때 • 314
- Unit 4　다시 말해달라고 요청할 때 • 318
- Unit 5　대화를 요청할 때 • 322
- Unit 6　허락을 구할 때 • 326
- Unit 7　명령을 할 때 • 330
- Unit 8　정리정돈을 지시할 때 • 334
- Unit 9　구체적으로 행동을 요청할 때 (1) • 338
- Unit 10　구체적으로 행동을 요청할 때 (2) • 342

특별부록　미국식 영어발음의 원리와 규칙 • 347

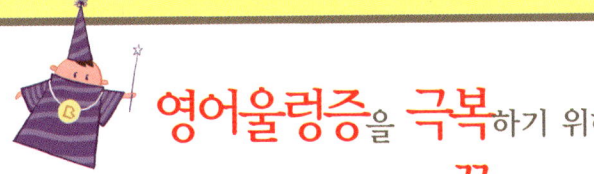

영어울렁증을 극복하기 위해 꼭 알아두어야 할 사항

10년 넘게 지금까지 배웠던 영어 지식은 모두 잊어버려도 상관없다. 이 책에 사용되고 있는 영어 수준은 중·고등학교만 졸업해도 충분할 만큼 쉬운 영단어를 활용하였으며, 영문법도 테스트를 위한 것이 아니기 때문에 원활한 의사소통에 초점을 두었다.

1. 원어민의 스피드를 뛰어넘어라
우리가 서양인들의 영어발음을 못 알아듣는 것은 그들의 말하는 속도를 따라잡지 못하기 때문이다. 우리는 말하기를 단기간에 늘일 수 있다고 판단할지 몰라도 듣기 능력을 향상시키기 전에는 원어민의 스피드를 따라잡기 힘들 것이다.

2. 미국인의 발음법을 극복하라
기성세대들은 교육 방침에 의해 영국식 영어에 익숙하였지만 지금은 미국식 영어발음이 대세가 되었다. 비교적 미국영어는 '영어의 효율성(경제성)'에 초점을 두었으므로 발음의 변화 현상이 뚜렷하면서도 심한 편이다.

3. 문법의 두려움을 떨쳐버려라
우리가 일상생활에서 사용하는 영어회화는 시험(test)을 위한 것이 아니기 때문에 굳이 영문법에 얽매일 필요가 없다. 다시 말하면 의사소통에 초점을 두면 되므로 영어회화와 관련된 문법이나 어휘력에 대하여 걱정할 필요가 없다. 이미 우리는 중고등학교 과정에서 영어회화 수준의 기초 지식은 구축하였다.

4. 회화를 위한 환경을 조성하라
먼저 영어적인 사고력을 기르기 위해서는 영어회화 학습에 걸맞은 최적의 환경을 조성해야 한다. 영어라는 언어도 또한 서양의 사회문화적인 영향을 받았으므로 당연히 그들의 언어습관에 적응해야만 한다. 그러기 위해서는 날마다 일상생활에서 활용해보는 방법밖에 없다.

5. 상황에 따른 응용력을 발휘하라
우리가 익힌 영어 실력은 영어회화를 구사하기에 충분한 실력을 갖추었음에도 대화의 대상이나 상황에 맞는 표현을 쉽게 표현하지 못함을 종종 확인할 수 있다. 이는 주입식 교육의 폐해이므로 말하기 중심의 영어 공부가 되어야 한다.

6. 자신과의 싸움에서 승리하라
평생 사용해 보지도 않았던 영어회화를 새롭게 시작하려면 처음엔 누구나 당황할 수밖에 없다. 그렇지만 자신감을 갖고 일단 부딪혀 보면 외국인과 영어회화도 그다지 두려운 존재가 아님을 느낄 수 있다. 의사소통은 궁하면 통하는 법칙에 지배되기 마련이다.

먼저, 영어 학습의 목적을 염두에 두자!

영어 공부는 단순히 의사소통에만 궁극적 목적이 있는 것이 아니라 영어를 통하여 지식을 쌓는 데 그 목적이 있습니다. 따라서 독서를 통해 배경지식을 확장시키는 것이 매우 중요합니다.

Chapter

1

인사와 소개

인간관계에서 첫인상보다 중요한 것은 없다고 한다.
또한 기본적인 예의와 매너는 동서양을 막론하고 삶의 중요한 요소이다.

Unit 1 · 처음 만나 인사할 때

일반적으로 인간관계의 첫출발은 인사말(greeting)이나 첫인상(first impression)에서 결정되기 때문에 Hi! / Hello! / How are you? / Good morning. / Good afternoon. / Good evening. 등과 같은 표현을 상대방보다 먼저 건네는 습관을 기르자.
또한 상대방이 누구인지 기본 정보(관계, 소속, 나이, 연락처)를 서로 주고받는 자리이기 때문에 이왕이면 정중하게 물어보는 것이 예의이다.

 CONVERSATION 실 전 에 활 용 하 는 다 이 얼 로 그

A: Nice to meet you.
B: Nice to meet you, too.

A: 만나서 반갑습니다.
B: 저도 반갑습니다.

A: Why don't you exchange e-mail addresses?
B: Why not?

A: 이메일 주소 교환하지 않을래요?
B: 좋아요.

Usage

상대방에게 〈동의〉를 구하거나 〈권유〉할 때 사용하는 캐주얼한 구어체 표현이다. 상대방에게 〈동의〉를 구하는 Why don't you ~?(~하지 않을래요?)에 대하여 허락을 할 경우의 응답 표현인 Why not?은 "물론입니다. / 당연하죠. / 좋습니다."라는 뉘앙스를 풍긴다. 가령, Why not try (it) again?(다시 한번 해보지 그래?)라는 표현에서처럼 〈권유〉할 때 주로 사용하는 어법이다.

BASIC EXPRESSIONS 영 어 로 말 해 봐!

☆ 처음 뵙겠습니다.

하우 두 유 두
How do you do?

※ 처음 만났을 경우에 하는 인사로써 How are you?(안녕하세요?)와 유사한 표현이다.

☆ 만나서 반갑습니다.

나이스 투 밋츄
Nice to meet you.

= Glad to meet you.

☆ 휴대폰 번호가 어떻게 되나요?

왓츄어 셀 폰 넘버
What's your cell phone number?

☆ 전화번호 좀 알려 주실래요?

캐나이 애스큐어 폰 넘버
Can I ask your phone number?

☆ 제가 전화해도 될까요?

캐나이 기뷰 어 콜
Can I give you a call?

☆ 이메일 주소 교환하지 않을래요?

와이 돈 위 익스체인지 이메일 어드레시스
Why don't we exchange e-mail addresses?

⭐ 또 만날 수 있을까요?

캔 위 미러게인
Can we meet again?

= See you later.

⭐ 저한테 문자 좀 주세요.

플리즈 텍스트 미
Please, text me.

- **meet** 만나다(= see)
- **glad** 기쁘다(= pleased)
- **cell phone** 휴대전화
- **phone number** 전화번호
- **call** 전화하다; 호출하다, 부르다
- **exchange** 교환하다, 바꾸어 주다
- **e-mail address** 이메일 주소
- **text** (휴대전화로) 문자를 보내다

 CHECK-POINT   회   화   를   위   한   영   문   법

1. Nice to meet you.

처음 만나는 사람에게 활용되는 인사 표현인데 It's가 생략된 표현으로써 초면에는 meet를 사용하며, 구면일 경우에는 see를 사용한다. 가령, Glad to meet you. / Pleased to meet you.라고 표현해도 무방한데 구어에서 앞의 I'm은 관용적으로 생략하여 표현한다.

2. cell phone

휴대전화(C.P.)를 약칭하는 단어로, 본래 정식 표현은 mobile phone, cellular phone이며, 전화번호는 그냥 phone number라고 말한다. 우리가 일상적으로 사용하는 hand-phone(핸드폰)은 콩글리시다.

3. Can we meet again?

다시 만나기를 기대할 때 표현하는 영어다운 표현이다. 우리가 헤어질 때 사용하는 인사 표현인 See you later. / See you again. / See you then. / See you tomorrow. 따위와 유사한 표현으로 이해하면 된다.

가장 일반적인 인사말로는 How are you? / Nice to meet you.가 쓰이며, 시간이나 상황에 따라 Good morning! / Good afternoon! / Good evening! / Good night! 등으로도 표현한다.
모르는 사람에게 말문을 열 경우에는 먼저 Excuse me. May I talk to you?(실례지만 뭐 좀 물어봐도 될까요?)라고 양해를 구하는 것이 중요하다.

Unit 2 아는 사이에 인사를 나눌 때

만나고 헤어질 때 주고받는 인사 표현에도 기본 패턴이 있다. 처음 만나면 How do you do?나 Nice to meet you!라고 인사하지만, 구면인 경우에는 좀 더 편하게 How have you been? / How are you doing? / How's everything? 등과 같은 표현을 사용한다. 이런 인사를 잘 구사하는 것이야말로 사교적인 사람(social person)이 되기 위한 기본 조건이다.

오랜만에 만나 서로 인사를 건넬 경우에는 상대방의 〈이름〉이나 〈애칭〉을 덧붙여 불러주면 친근감이 배가되므로 이용해보도록 하자!

A: How are you?
B: Fine thank you, and you?
A: Fine, thanks.

A: 잘 지내요?
B: 그럼요. 당신은 어떻게 지내세요?
A: 물론, 저도 잘 지내요.

A: Long time no see.
B: That's right.

A: 오랜만이네요.
B: 정말 그러네요.

Usage
서로 친한 경우에 근황을 묻는 관용적인 표현으로 How's everything (with you)? / How's it going? / How's your family? / What's going on? / What's up? / What's happening? 따위의 표현도 활용 빈도가 높다.

BASIC EXPRESSIONS 영 어 로 말 해 봐!

☆ 안녕!

하이
Hi.

＊ Hi, Steve.와 같이 뒤에 이름이나 애칭을 붙여주면 더 친근한 표현이 된다.

☆ 안녕하세요.

헬로우
Hello.

☆ 잘 지내요? / 어떻게 지내세요?

하우짓 고잉
How's it going?

＊ "어떻게 지내세요?"라는 인사 표현으로 How are you doing?이라고 표현해도 무방하다.

☆ 어떻게 지냈어요?

하우 해뷰 빈
How have you been?

☆ 가족들 모두 잘 지내시죠?

하우즈 유어 패멀리
How's your family?

☆ 오랜만이네요.

롱 타임 노 씨
Long time no see.

☆ 정말 오랜만입니다.

_{잇츠   빈   얼롱   타임}
It's been a long time.

☆ 이게 누구야!

_{룩   후즈   히어}
Look who's here!

  * Fancy meeting you here!라고 표현해도 무방하다.

☆ 좋은 아침이에요. / 안녕하세요?

_{굿   모닝}
Good morning.

- long 긴
- time 시간
- see 만나다, 보다
- fancy 놀라움이나 충격을 나타냄
- meet 만나다
- here 여기에서
- morning 오전(아침부터 정오까지)

 회　화　를　위　한　영　문　법

1. Hi. / Hello.

시간에 상관없이 아침, 점심, 저녁 언제든지 사용할 수 있는 가장 보편적인 인사말이다.

2. Long time no see.

편한 사이에 오랜만에 만났을 때 주고 받는 인사 표현이다. It's been a long time.과 같은 뜻의 표현이다.

3. Good morning.

이 경우 morning은 '아침부터 정오까지'를 의미하므로 점심 식사하기 전이라면 자연스럽게 사용해도 무방하다. 오후에는 Good afternoon.이라 하며, 저녁에는 Good evening.이라고 하며, 밤에는 Good night.라고 표현하면 된다.

Hi!는 가벼운 인사말로 친구나 아랫사람에게 건네는 표현이다. Hello!는 전화상에서는 "여보세요."라는 의미로 사용되며, 그밖에도 사람을 부를 때, 길을 물을 때 등 다양하게 활용된다.
상대방에게 방문 목적이나 용건을 묻는 What brings you here?(무슨 일로 오셨어요?)나 What's the purpose of your visit?(방문 목적이 뭡니까?)처럼 직접적인 질문은 삼가는 편이 좋다.

Unit 3 자신을 소개할 때

서양에서는 자신을 상대방에게 소개할 경우, Let me introduce myself. / I'd like to introduce myself. / May I introduce myself?처럼 상대방에게 허락을 구하는 듯한 겸손한 인상을 심어주는 게 좋다.

처음 만나 서로 소개할 경우에는 개인 신상 가운데에서도 가장 먼저 〈이름〉을 어필하는 것이 중요하며, 그 밖에 〈직업〉, 〈가족 관계〉, 〈고향〉, 〈취미〉 등이 주된 관심사가 된다.

 CONVERSATION 실 전 에 활 용 하 는 다 이 얼 로 그

A: May I ask your name?

B: My name is Mina Kim.

A: 이름을 여쭤 봐도 될까요?
B: 김미나입니다.

A: Do you have a child?

B: I have a baby boy.

A: 아이가 있으신가요?
B: 아들이 한 명 있어요.

Usage

서양인에게 상대방의 신상을 물어볼 경우에는 주의해야 한다. 특히 개인적인 프라이버시를 침해하는 경우에는 상당히 불쾌하게 받아들이기 때문에 상대방에게 먼저 자신의 정체를 밝히고 묻고 싶은 것을 물어보는 것이 예의이다.

그래서 Let me introduce myself.나 May I introduce myself to you?라고 물어본 다음, My name ~. / I'm ~. / Please call me ~.처럼 자신의 이름을 밝혀야 한다.

BASIC EXPRESSIONS 영 어 로 말 해 봐 !

☆ 제 소개를 할게요.

렛   미   인트러듀스   마이쎌프
Let me introduce myself.

☆ 제 이름은 김미나입니다.

마이   네이미즈   미나   킴
My name is Mina Kim.

= I'm Mina Kim.

☆ 미나라고 불러 주세요.

플리즈   콜   미   미나
Please call me Mina.

☆ 서울에서 왔어요.

아임   후럼   서울
I'm from Seoul.

☆ 19살입니다.

아임   나인틴   이어즈   올드
I'm 19 years old.

☆ 결혼했어요.

아임   매리드
I'm married.

☆ 아이가 있어요.

　　아이　　해버　　　베이비
I have a baby.

☆ 은행에서 일했어요.

　　아이　　웍트　　　훠러　　　뱅크
I worked for a bank.

☆ 작년에 퇴직했어요.

　　아이　리타이어드　　라슷　　이여
I retired last year.

☆ 전 주부예요.

　　아이머　　　　　홈메이커
I'm a homemaker.

＊ '가정주부'는 housewife라고도 할 수 있다.

- introduce myself 자기소개를 하다
- name 이름
- call 부르다
- have ~가 있다, ~를 가지다(소유)
- baby 아기, 어린 아이
- work for ~에서 일하다
- bank 은행
- retire 퇴직하다, 은퇴하다
- last year 작년
- homemaker 가정주부

 회 화 를 위 한 영 문 법

1. Mina Kim

first name은 이름(名)이고 last name은 성(姓)이다. full name으로 말할 때는 Mina Kim과 같이 first name인 이름을 먼저 말하고 last name인 성을 나중에 말하는 것이 보통이며, 서양인들은 middle name을 별도로 사용하기도 한다.

2. I'm from ~

〈I'm from ~〉은 출신(지역)을 나타내는 표현으로 Where are you from? / Where do you come from?에 대한 응답 표현이다.

3. I'm married.

〈be + married(p.p.)〉는 '(이미) 결혼한', get married는 '결혼하다'라는 의미이다. 미혼인 경우에는 I'm single.이라고 말하면 된다.

소개하거나 악수를 할 경우의 매너도 함께 익혀 두자. 동서양을 막론하고 나이가 어린 사람을 먼저, 지위가 낮은 사람을 먼저, 남성을 먼저, 소개를 받는 사람을 먼저 소개하는 것이 교양인의 필수 매너이다.

- 이름: What's your name? / May I have your name?
- 직업: What do you do? / What's your job? / What's your occupation?
- 고향: Where are you from? / Where do you come from?
- 나이: How old are you? / What's your age?
- 취미: Do you have any hobbies? / What kind of hobbies do you have?

Unit 4 신상을 물어볼 때

서양인들은 이름(first name, Christian name, given name), 중간 이름(middle name), 성(last name, family name, surname), 애칭(pet name)이 따로 존재한다. 따라서 평소에 귀 기울이지 않으면 누구나 실수를 하게 된다. 특히 호칭을 부르거나 앞에 Mr. / Ms. / Miss 등을 사용할 때 주의해야 한다.
무조건 앞에 오면 〈이름〉, 뒤에 따라오면 〈성〉이라고 알아두자.

CONVERSATION 실전에 활용하는 다이얼로그

A: Who do you work for?
B: I work for ABC bank.

A: 어디서 일하시나요?
B: ABC 은행에서 일하고 있어요.

A: Where do you go to school?
B: I go to Incheon University.

A: 학교는 어디 다니세요?
B: 인천대학교에 다닙니다.

Usage
Who do you work for?라는 표현은 일견 틀린 표현 같지만 근무처를 묻는 표현으로써 Where do you work?와 같은 표현이며, 다소 구체적으로 묻는 경우에는 What kind of company is it?(어떤 회사입니까?)를 사용한다.
직역하면 "누구를 위해 일하고 있습니까?"이지만 실제로는 "어디서 일하고 있습니까?"라는 의미의 자연스러운 표현이다.

 BASIC EXPRESSIONS 영 어 로 말 해 봐 !

☆ 이름을 여쭤 봐도 될까요?

메아이 애스큐어 네임

May I ask your name?

☆ 성함을 여쭤 봐도 될까요?

메아이 해뷰어 네임

May I have your name?

☆ 이름 철자가 어떻게 되시나요?

하우 두 유 스펠 유어 네임

How do you spell your name?

☆ 가족이 있나요?

두 유 해버 패멀리

Do you have a family?

☆ 무슨 일을 하세요?

왓 두 유 두

What do you do?

* What do you do for a living?이라는 뜻의 표현으로, What kind of a job do you have?와 같이 직업을 묻는 표현이다.

☆ 어디 출신이세요?

웨어라유 후럼

Where are you from?

☆ 어디서 일하시나요?(근무지)
Who do you work for?
_{후 두 유 웍 훠}

☆ 학교는 어디 다니세요?
Where do you go to school?
_{웨어 두 유 고 투 스쿨}

☆ 전공은 뭔가요?
What's your major?
_{왓츄어 메이저}

☆ 무슨 동아리 소속이신가요?
What club do you belong to?
_{왓 클럽 두 유 빌롱 투}

- ask 묻다, 질문하다
- name 이름
- your 당신의 *you의 소유격
- spell 철자를 쓰다[말하다]
- family 가족(단수 취급)
- work 일하다 *노동자: a worker(= a laborer)
- school 학교
- major 전공
- club 동아리, 클럽
- belong to ~에 소속되다

 **CHECK·POINT** 회 화 를 위 한 영 문 법

1. May I have your name?

상대방의 이름을 물을 때 흔히 사용하는 정중한 표현이다. What's your name?이라고 직접적으로 물으면 다소 무례하게 들릴 수도 있다.

2. What do you do?

직역하면 "무엇을 합니까?"이지만 What's your job? / What is your occupation? / What do you work at? 따위와 같이 직업을 묻는 자연스러운 표현이다.

3. Where are you from?

고향이나 출신을 물을 때 사용하는 표현이다.

상대방으로부터 양해를 구할 때 서양인들이 편리하게 활용하는 만능 표현에는 Excuse me.와 Please, ~가 있는데, 어떤 경우에 사용해도 크게 문제되지 않는 표현이다.
Excuse me.는 상대방에게 양해를 구할 때, 실례하고자 할 때, 도움을 요청할 때, 부탁을 할 때, 허가를 구할 때 등과 같이 다양한 상황에서 활용할 수 있으며, Please, ~ 또한 유사하게 사용해도 무방하다.

· Please, wait a moment. (= One moment, please.)
· Please, your phone number. (= May I have your phone number?)

Unit 5 사람을 소개할 때

비즈니스(business)나 일상생활(daily life)에서 자신이 중개자로서 서로에게 인사를 시키고자 할 때 소개하는 순서를 제대로 알아야만 한다. 이럴 때 This is ~.는 "이분은(이쪽은) … 입니다."라는 뜻의 패턴으로 활용된다.
즉, 지위가 낮은 사람을 높은 사람에게, 남성을 여성에게 먼저 소개한다. 요컨대 윗사람이나 상급자, 여성 등을 우대하여 먼저 인사를 받게 하는 것이 예의이기 때문이다.

CONVERSATION 실 전 에 활 용 하 는 다 이 얼 로 그

A: This is my father.
B: Nice to meet you.

A: 이쪽은 저희 아버지이십니다.
B: 처음 뵙겠습니다.

A: This is our baby.
B: How old is she?

A: 얘는 우리 아기입니다.
B: 몇 살인가요?

Usage

영어에서 this는 이쪽, 이분, 오늘, 나(자신) 등을 지칭하는 지시대명사의 역할을 수행한다. 제3자를 소개할 때 지시대명사 this를 사용하면 되는데, 〈This is ~.〉 패턴은 This is my manager.(매니저) / This is a colleague of mine.(동료)처럼 소개해도 되고, 뒤에 구체적으로 이름을 덧붙여 친근감을 더해 주면 좋다.

BASIC EXPRESSIONS 영 어 로 말 해 봐!

☆ 이분은 저희 아버지세요.

디씨즈 마이 파더
This is my father.

☆ 그는 선생님입니다.

히이저 티쳐
He is a teacher.

☆ 이쪽은 제 여동생입니다.

디씨즈 마이 씨스터
This is my sister.

☆ 그녀는 간호사입니다.

쉬이저 너스[널스]
She is a nurse.

☆ 이쪽은 제 남편입니다.

디씨즈 마이 허즈번-
This is my husband.

☆ 그는 의사입니다.

히이저 닥터
He is a doctor.

☆ 우리 아기입니다.
디씨즈 아워 베이비
This is our baby.

☆ 그는 19살입니다.
히 이즈 나인틴 이어즈 올드
He is 19 years old.

☆ 이쪽은 제 오랜 친구, 지우입니다.
디씨즈 마이 올드 프렌드 지우
This is my old friend, Jiwoo.

☆ 그녀는 피아노 연주를 좋아해요.
쉬 라익스 플레잉 더 피애노-
She likes playing the piano.

- father 아버지
- teacher 선생님
- sister 여동생, 언니
- nurse 간호사
- husband 남편
- doctor 의사
- our 우리의 *we의 소유격
- baby 아기
- play (악기를) 연주하다
- piano 피아노

 회 화 를 위 한 영 문 법

1. This is my husband.

this나 that은 구어에서 인칭대명사로 사용되어 사람을 소개할 경우에 〈He is ~〉, 〈She is ~〉가 아니라 〈This is ~(이분은 ~입니다.)〉를 사용한다.

2. year old

나이를 말할 때 사용하는 표현으로, 두 살 이상이면 〈~ years old〉라고 표현해야 된다.

3. playing the piano

play the piano(피아노를 치다, 연주하다)처럼 '악기를 연주하다'는 표현에서는 〈play + the(정관사) + 악기 이름〉을 사용한다.
예 play the guitar, play the violin, play the recorder, play the clarinet

영어에서는 일종의 속어(slang)적인 표현을 일반 용어로 활용하기도 한다. old fashion이라고 하면 '구식 패션'을 지칭하듯이 old friend라고 하면 '사귄지 오래된 친구'를 의미하는데 '나이가 많은 친구'라는 의미로 오해하지 않도록 주의하자. 그럼 big friend는 무슨 뜻일까? '덩치 큰 친구'가 아니라 '친한 친구, 가까운 친구, 소중한 친구'의 의미로 사용된다.

- hit the big time: (연예계에서의) 대성공을 거두다, 대히트하다

  원래는 big time은 단지 '큰, 대단한, 엄청난'의 의미이다. 그럼, small time은 '시시한, 보잘것 없는, 삼류의'의 뜻으로 쓰인다.
  · The movie bombed big time. 그 영화는 쫄딱 망했다.

- junker: 고물 자동차 / 마약 밀매자

  '고물 자동차'를 clunker, jalopy라고도 하는데 old car라고는 하지 않는다. junk는 '쓸모없는 물건, 폐물, 쓰레기'를 뜻한다. 미국에서는 건강에 좋지 못한 것으로 여겨지는 인스턴트 음식이나 패스트푸드를 junk food라고 한다.
  · You ripped me off with a junker! 고물차로 나한테 바가지를 씌웠군요.

Unit 6 직업을 말할 때

상대방과 처음 만났을 때 거의 묻게 되는 질문이 바로 신분 관계나 직업이다. 직장은 그 사람의 정체를 알 수 있는 단서이자 대부분의 사람들이 하루 중 가장 긴 시간을 보내는 곳이기 때문이다.

직업을 물을 때는 What do you do for a living? / What's your job? / What kind of a job do you have? / What's your profession? / What's your occupation? / What business are you in? 등과 같이 표현한다.

CONVERSATION 실전에 활용하는 다이얼로그

A: I'm a student.
B: Are you a college student?

A: 저는 학생입니다.
B: 대학생인가요?

A: I'm a pro baseball player.
B: Really?

A: 저는 프로 야구 선수입니다.
B: 정말이세요?

Usage

〈주어 + be동사 ~〉는 '주어(I)는 ~입니다.'라는 표현으로 존재, 상태, 신분, 출신 등을 나타낸다. 또는 I am a(an) ~의 패턴 문형으로 동사 뒤에 직업이나 신분 관련 명사가 보어로 따라오기도 한다.

♣ 나는 한국인이다.
- I'm Korean. (형용사)
- I'm a Korean. (명사)

BASIC EXPRESSIONS 영 어 로 말 해 봐 !

☆ 저는 학생입니다.
　　　아이머　　　스튜던트
　I'm a student.

☆ 저는 회사원입니다.
　　　아이먼　　아피스　　워커
　I'm an office worker.

☆ 저는 출납원입니다.
　　　아이머　　캐쉬어
　I'm a cashier.

　＊ 원래 cashier는 '회계원, 계산원'이라는 뜻인데 흔히 우리가 말하는 경리(bookkeeper)를
　　 의미한다.

☆ 저는 주부입니다.
　　　아이머　　　홈메이커
　I'm a homemaker.

☆ 저는 치과의사입니다.
　　　아이머　　　덴티스트
　I'm a dentist.

☆ 저는 수의사입니다.
　　　아이머　　　베러네어리언
　I'm a veterinarian.

☆ 저는 보육사입니다.

아이머   차일드케어   프러바이더
I'm a child-care provider.

☆ 저는 변호사입니다.

아이머   로여
I'm a lawyer.

☆ 저는 프로 야구 선수입니다.

아이머   프로   베이스볼   플레이어
I'm a pro baseball player.

☆ 저는 작가입니다.

아이머   라이러
I'm a writer.

- student 학생
- office worker 회사원
- cashier (상점이나 은행 등의) 출납원
- dentist 치과의사
- veterinarian 수의사
- child-care provider 보육사
- pro 프로의, 직업의, 전문적인(= professional)
- baseball player 야구 선수
- writer 작가

CHECK-POINT 회　화　를　위　한　영　문　법

1. cashier

은행, 상점, 호텔 따위에서의 출납원을 의미한다. 특히 은행에서 일하는 수납 직원을 teller라고 하는데 teller는 '현금 지급기'를 뜻하기도 한다.

2. homemaker

흔히 가정부를 housekeeper, housemaid라고 부르는 것처럼 최근에는 housewife(주부)보다 homemaker를 일반적으로 사용한다.

3. lawyer

변호사를 lawyer라고 부르지만 정확히는 '법률가'라는 넓은 의미로 사용되는 단어이다.

영미권에서 '직종'이나 '직업'을 일컫는 단어들의 차이는 다음과 같다.

- **career**: 보통 시간이 흐를수록 책임도 커지는 직종
- **profession**: 많은 교육이 필요한 전문적인 분야
- **occupation**: 일반적인 직업이나 직종을 뜻함
- **work**: 생계 수단으로서의 의미를 내포함
- **job**: 인간의 신체적·정신적 활동 측면에서의 직무를 의미함

Unit 7 기약 없이 헤어질 때

만나서 재미있게 얘기를 나눴어도 끝인사가 시원치 않으면 좋은 인상을 남길 수가 없다. 반대로 중간에 그저 그런 인상이었어도 마무리를 정중한 인사로 하면 강한 인상이 남게 된다. 가령, Nice meeting you.(만나서 반가웠습니다.)라는 인사말을 건넨다면 상대방은 오래도록 기억하게 될 것이다.

 CONVERSATION 실 전 에 활 용 하 는 다 이 얼 로 그

A: I gotta go.
B: Thank you for coming.

A: 이제 그만 가볼게요.
B: 와 줘서 고마웠어요.

A: I have to go now.
B: Nice talking with you.

A: 이제 가야겠어요.
B: 얘기할 수 있어서 기뻤어요.

Usage
일반적으로 감사의 패턴 문형으로는 〈Thank you for ~.〉가 주로 활용된다.
- Thank you for inviting me.(초대)
- Thank you for coming here.(방문)
- Thank you for calling.(전화)
- Thank you for joining us.(참석)
- Thank you for waiting.(기다림)

BASIC EXPRESSIONS

☆ 이제 그만 가볼게요.

　　아이　가러　고
I gotta go.

※ 구어체에서 사용되는 비표준어로써 gotta[가러]는 have got to의 줄인 표현이다.

☆ 그만 가야겠어요.

　　아이　해브　투　고　나우
I have to go now.

☆ 얘기할 수 있어서 기뻤어요.

　　나이스　토킹　위쥬[위듀]
Nice talking with you.

☆ 오늘 즐거웠어요.

　　아이　해더　굿　타임　투데이
I had a good time today.

☆ 초대해 줘서 고마워요.

　　땡큐　훠　인바이링[인바이팅]　미
Thank you for inviting me.

☆ 조심해서 가세요.

　　테익　케어
Take care.

☆ 조심해서 들어가세요.

테익 케어론 더 웨이 홈
Take care on the way home.

☆ 운전 조심하세요.

드라이브 케어플리 드라이브 쎄이플리
Drive carefully. / Drive safely!

☆ 잘 가요.

굿 바이
Good-bye.

☆ 잘 자요.

굿 나잇
Good night.

- go 가다
- good 좋은
- today 오늘
- thank 감사하다
- invite 초대하다
- take care 조심하다
- home 집으로, 집에
- drive 자동차를 운전하다
- carefully 조심스럽게
- safely 안전하게

CHECK-POINT 회 화 를 위 한 영 문 법

1. I gotta go.

have got to는 '~해야겠다'라는 뉘앙스를 내포한 표현으로써 I've got to go.라는 표현을 구어적으로 발음하는 언어 습관에서 유래되었다.

2. I have to go now.

now는 현재를 가리키는 말이지만 여기서는 '이제, 벌써, 슬슬' 등의 뉘앙스로 사용되었다.

3. on the way home

직역을 하면 '집까지의 길'인데 '귀가하는 길에'라는 의미로 쓰였다.

일반적으로 헤어질 때는 So long. / Good-bye. / Take care. / Be careful. / Enjoy yourself. / Good luck. / See you later. / Let's keep in touch. / Take it easy. / I'll miss you. 따위의 표현이 널리 쓰인다. Bye-bye.는 주로 젊은 사람들이 사용하는 표현이지만 친한 사이인 경우에는 나이든 사람들 사이에서도 사용된다.

관용 표현으로 Later, alligator.(나중에 또 봐.)도 많이 사용되는 편이다.

Unit 8 다음을 기약하며 헤어질 때

자주 만나는 사이에 헤어지면서 건네는 인사말 표현과 다시 만날 때를 고려하여 하는 작별 인사 표현에는 차이가 있다. 일상적으로 Good-bye. / Bye-bye. / Adieu. / Farewell! 등과 같은 표현을 활용하지만 어떤 특정 시기나 장소를 밝힐 땐 See you ~ 뒤에 구체적으로 나타내면 된다.

CONVERSATION 실전에 활용하는 다이얼로그

A: See you again.
B: See you.

A: 다음에 또 봐!
B: 그래.

A: See you tomorrow.
B: Tomorrow is Sunday.
A: Oh... see you next week.

A: 내일 봐.
B: 내일은 일요일이야.
A: 앗, 그럼 다음 주에 보자.

Usage
다소 우회적인 작별 인사로는 I have to go now.(이제 가야 해.) / Hang in there.(힘내라.) / Nice meeting you.(만나서 반가웠어.) 따위도 널리 활용된다. 이미 헤어질 시간이 경과했음을 나타낼 경우에는 다음과 같이 표현하면 된다.

- I've got to get going.
- I should get going.
- I'd really better go now.

BASIC EXPRESSIONS 영 어 로 말 해 봐 !

☆ 다음에 또 보자.

씨 유 어게인
See you again.
= See you later.

☆ 곧 보자.(좀 있다 보자.)

씨 유 쑨
See you soon.

☆ 그때 보자.

씨 유 덴
See you then.

☆ 거기서 보자.

씨 유 데어
See you there.

☆ 내일 보자.

씨 유 투머로우
See you tomorrow.

☆ 일요일에 보자.

씨 유 온 썬데이
See you on Sunday.

☆ 주말에 보자.

씨 유 앳 더 위켄-[위켄드]
See you at the weekend.

☆ 7시에 보자.

씨 유 앳 쎄븐
See you at seven.

☆ 7시 조금 전에 보자.

씨 유 애러 리를[리틀] 비풔 쎄븐
See you at a little before seven.

☆ 7시 조금 지나서 보자.

씨 유 애러 리를 앱터 쎄븐
See you at a little after seven.

- see 만나다, 보다
- again 다시, 또
- soon 곧
- then 그때
- there 거기서

- tomorrow 내일
- Sunday 일요일
- weekend 주말
- before ~ 전에
- after 지나서

CHECK·POINT 회 화 를 위 한 영 문 법

1. See you soon.

일반적으로, 정해지지는 않았지만 며칠 이내로 만날 예정일 때 See you later.라는 표현을 사용하며, See you soon.은 조만간, 곧 다시 만나기로 되어 있을 때 사용하는 표현이다.

2. See you there.

약속 장소가 정해져 있는 경우에 사용하는 표현이다.

3. See you tomorrow.

내일 약속 시간이 정해져 있는 경우에 사용하는 표현으로, Catch you tomorrow.라고 표현해도 무방하다.

구어에서는 See you.를 See ya.라 표현하기도 하며, 문자나 메일에서는 CU로 축약하여 사용한다.
〈See you ~.〉의 패턴 문형 앞에는 I'll(I wiill)이 생략되어 있다는 점에 유의하자. 뒤에 막연한 장소나 시간을 제시할 경우에는 부사어인 again, later, then, there, around를 덧붙여주며, 다소 구체적인 시간을 정할 경우에는 〈See you at ~.〉와 같은 패턴 문형을 사용하면 된다.

· (I'll) See you next week.
· (I'll) See you again.

Unit 9 잘 자라고 인사할 때

잘 시간은 침대로 가는 시간이니까 bedtime이라고 하는데, 속어로는 sack time, rack duty라고도 한다. '잘 자'라는 인사는 보통 Good night.이라고 하고, 좋은 꿈을 꾸라는 뜻으로 Sweet dreams.라고도 하며 '잘 자'를 직역한 형태인 Sleep well.이라고도 말한다.

 CONVERSATION 실 전 에 활 용 하 는 다 이 얼 로 그

A: It's late.

B: What time is it now?

A: 늦었잖아요.
B: 지금 몇 시인데요?

A: I'll get into bed.

B: Good night.

A: 이제 잘래요.
B: 잘 자요.

Usage

일반적으로 Have a good time.하면 '즐거운 시간을 보내세요.'라는 뜻인데 쇼핑, 식사, 영화 관람 등과 같은 문화생활을 즐길 때 상대방에게 하는 작별의 인사 표현이다.
〈Have a good ~.〉과 같은 패턴 문형 뒤에는 주로 '명사'가 따라오게 된다.

- Have a good one. 잘 가세요.
- Have a good day. 잘 보내세요.
- Have a good weekend. 주말 잘 보내세요.

 **BASIC EXPRESSIONS** 영 어 로 말 해 봐 !

☆ 잘 시간이야.
　　　타임　휘　베드
Time for bed.

☆ 늦었어요.
　　잇츠　레잇
It's late.

☆ 졸린 것 같군요.
　　유　룩　슬리피
You look sleepy.

☆ 어서 자.
　　고　투　베드
Go to bed.

☆ 어서 자.
　　고　투　슬립
Go to sleep.

☆ 잘 자요.
　　굿　나잇
Good night.

☆ 푹 잘 자요.
Have a good sleep.
해버 굿 슬립

☆ 이제 잘래요.
I'll get myself into bed.
아일 겟 마이쎌프 인투 베드

☆ 벌써 자러 가요?
Are you going to go to bed?
아유 고잉 투 고 투 베드

☆ 마스크팩을 붙일 거예요.
I'll put on a facial mask.
아일 푸론 어 훼이셜 매스크

☆ 화장을 지워야 해요.
I have to wash off my make-up.
아이 햅 투 와쉬 옵 마이 메이컵

WORDS

- late 늦은
- sleepy 졸린
- Good night. 잘 자요.
- get into ~로 들어가다
- put on 몸에 걸치다
- facial mask 마스크팩
- wash off (얼굴의 화장을) 씻어내다
- make-up 화장

CHECK-POINT 회 화 를 위 한 영 문 법

1. Go to bed.

'침대에 들어가다'라는 의미로 Go to sleep.(눈을 감고 자다.)라는 의미와 유사하게 활용되는 표현이다.

2. Have a good sleep.

직역하면 "좋은 잠을 즐겨."이다. 일반적으로 Good night.을 사용하지만 속어로 Sleep tight.라고도 즐겨 사용한다.

3. I'll get myself into bed.

직역하면 "침대에 들어가겠다."라는 뜻으로 '잠을 자러 가겠다.'는 뉘앙스가 담긴 표현이다.

Time for bed.를 직역하면 '침대에 잠자러 가야 할 시간'이다. It's time for bed now.를 줄여서 말하는 표현으로, It's bed time for you. / It's time to sleep. / It is about time to go to bed. 등으로 활용해도 무방하다.
관용적으로 C'mon, time for night. / Sleep tight.라는 표현도 널리 활용된다.

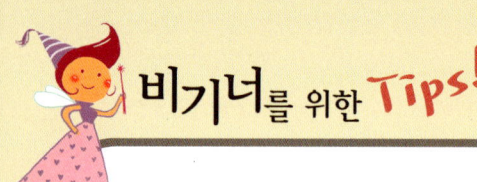

안부나 근황을 말할 때

아는 사람을 만나면 잘 지내는지, 건강한지 서로의 안부나 근황을 묻게 마련이다. 상황별로 적절한 대답을 몇 가지씩 알아두면 상황에 따라, 기분에 따라 자신의 근황을 알려줄 수 있다.

1 잘 지낸다고 답할 때

I'm cool. 잘 지내.
Great. 아주 잘 지내.
Couldn't be better. 최고야. 너무 좋아.

2 보통이라고 답할 때

So-so. 그냥 그래.
No complaints. 그런대로 잘 지내.
Same as usual. 항상 그렇지 뭐.

3 안 좋다고 답할 때

Not good. 좋지 않아.
I've been under the weather. 기분이 영 별로야.
Lousy. 형편없어.

Chapter

2

약속과 초대

서양인들에게는 약속은 인간관계의 시발점으로 인식된다.
왜냐하면 신의와 신뢰의 잣대로 평가하기 때문이다.

Unit 1 초대하고자 할 때

영미인들은 친해지면 놀러오라는 말을 흔히 하곤 한다. 하지만 미국인들의 경우에는 진심이 아닌 인사치레로 놀러오라는 얘기를 하는 일이 많으므로 진심인지 아닌지 파악하는 것에 유의할 필요가 있다. 이럴 때 가벼운 어투로는 〈Won't you ~?〉, 〈Why don't you ~?〉와 같은 표현을 즐겨 사용하며, 다소 정중한 표현으로는 〈Would you like to ~?〉와 같은 표현이 제격이다.

A: Why don't you come over to our place for dinner next week?
B: Sorry, I have plans next week.

A: 다음 주에 우리 집에 저녁 먹으러 안 올래요?
B: 미안해요. 다음 주에는 약속이 있어요.

A: Why don't you call again in five minutes?
B: It seems the line is busy.

A: 5분 후에 다시 전화해 보지 그래?
B: 통화 중인가 봐.

Usage

상대방에게 다소 정중하게 요청하거나 부탁할 때의 표현으로 Let's ~. / Would you ~? / Could you ~? 따위의 패턴 문형을 활용하는데 이에 대한 응답 표현은 다음과 같다.

♣ 수락의 표현

　OK. / Sure. / That's all right. / That's a good idea. / That sounds good.

♣ 거절의 표현

　No, thank you. / Thank you, but I'd rather not. / I don't feel like it.

 BASIC EXPRESSIONS   영   어   로   말   해   봐   !

☆ 놀러 안 올래요?

온츄 컴 오버
Won't you come over?

☆ 지금 놀러 안 올래요?

온츄 컴 오버 나우
Won't you come over now?

☆ 너희 집 강아지도 데리고 와라.

브링 유어 도그스
Bring your dogs.

☆ 다음에 우리 집에 저녁 먹으러 안 올래요?

와이 돈츄 컴 오버 투 아워 플레이스 훠
Why don't you come over to our place for
디너 넥스타임
dinner next time?

☆ 저희 집에 오실래요?

우쥴 라익 투 컴 투 마이 플레이스
Would you like to come to my place?

＊ I'd like to invite you to my house.(저희 집에 초대하고 싶습니다.)와 같은 의미의 표현이다.

☆ 가족 모두와 함께 오세요.
　　　플리즈　　브링　　유어　　호울　　패멀리
Please bring your whole family.

☆ 제 생일 파티에 오세요.
　　　플리즈　　컴　　투　마이　　버쓰데이　　파리[파티]
Please come to my birthday party.

- come over 들르다, 찾아오다
- bring 데려오다, 가져오다
- place 집
- dinner 저녁 식사
- next time 다음(번)
- whole 전체의, 모든
- family 가족
- birthday 생일

회화를 위한 영문법

1. Won't you ~?

〈Won't you ~?〉라는 표현은 〈How about ~?〉처럼 상대방에게 가볍게 제안하거나 권유할 때 사용하는 영어다운 표현이다.

2. Bring your dogs.

bring은 '(사람이나 사물을) 데리고 오다, 가져오다'라는 의미이다.

3. Why don't you ~?

직역을 하면 '왜 ~ 안 해요?'지만 '~ 안 할래요?, ~하지 그래요?'라고 〈권유〉할 때 자주 사용하는 표현이다.

제안이나 권유의 구어적인 표현으로 〈Won't you ~?〉, 〈Why don't you ~?〉와 같은 표현 못지않게 〈What about ~?〉, 〈How about ~?〉라는 표현도 널리 활용된다.
또한 상대방의 의견이나 견해를 존중하는 경우에는 Let's ~. / Shall we ~? 따위의 표현을 부담없이 활용할 수 있다.

- Let's go for a walk, shall we?
- Shall we go for a walk?
- Won't you go for a walk?
- Why don't you go for a walk?

Unit 2 상대방의 스케줄을 확인할 때

상대방과 약속을 잡으려면 두 사람의 사정이나 스케줄을 고려해 서로 동의하는 시간에 맞춰야 한다. 약속이나 스케줄을 정할 경우에는, 먼저 대략적인 날짜를 잡은 뒤에 〈Are you free ~?(~는 어때요?)〉처럼, 상대방에게 구체적인 날짜(date)나 요일(day)을 제시할 필요가 있다.

 실 전 에 활 용 하 는 다 이 얼 로 그

A: Are you free tomorrow night?
B: I have an appointment tomorrow.

A: 내일 밤에 시간 있어요?
B: 내일은 약속이 있어요.

A: Are you free on April 7th?
B: Yes, why?
A: Well… it's my birthday.

A: 4월 7일에 시간 있어요?
B: 있는데요, 왜 그래요?
A: 저기, 실은 제 생일이거든요.

Usage

상대방에게 시간의 존재 유무를 확인할 때 활용하는 패턴 문형이 바로 〈Are you free ~?〉이다. 당연히 현재 시점 이후의 '미래'를 나타내는 시간과 날짜를 지칭한다는 사실에 유의하도록 하자.
Are you free tomorrow?(내일 시간 있어요?, 내일 시간 좀 내주실 수 있어요?)라는 표현은 영어다운 표현으로써 원래 Are you available tomorrow?라는 의미를 내포하고 있는 표현이다.

 BASIC EXPRESSIONS 영 어 로 말 해 봐 !

☆ 오늘 오후에 시간 있어요?

아 유 후리 디스 앱터눈
Are you free this afternoon?

☆ 내일 시간 있어요?

아 유 후리 투머로우
Are you free tomorrow?

☆ 내일 오전에 시간 있어요?

아 유 후리 투머로우 모닝
Are you free tomorrow morning?

☆ 내일 밤에 시간 있어요?

아 유 후리 투머로우 나잇
Are you free tomorrow night?

☆ 모레 시간 있어요?

아 유 후리 더 데이 앱터 투머로우
Are you free the day after tomorrow?

☆ 이번주 수요일에 시간 있어요?

아 유 후리 디스 웬즈데이
Are you free this Wednesday?

☆ 이번 주말에 시간 있어요?

아 유 후리 디스 위캔드
Are you free this weekend?

☆ 다음 주에 시간 있어요?

아 유 후리 넥스트 위크
Are you free next week?

☆ 다음 주 금요일 시간 있어요?

아 유 후리 넥스트 후라이데이
Are you free next Friday?

☆ 다음 주 월요일 저녁에 시간 있어요?

아 유 후리 넥스트 먼데이 이브닝
Are you free next Monday evening?

☆ 4월 7일에 시간 있어요?

아 유 후리 온 에이프럴 쎄븐쓰
Are you free on April 7th?

- free 한가한, 자유로운
- this 오늘의, 이번의
- afternoon 오후
- morning 오전
- night 저녁, 밤
- Wednesday 수요일
- next week 다음 주
- Friday 금요일
- Monday 월요일
- April 4월

1. Are you free ~?

'당신은 ~ 시간 있어요?'라는 의미로 활용된다.

2. the day after tomorrow

'내일 다음 날'이므로 '모레'를 지칭한다.

3. on April 7th

4월 7일과 같이 특정 날짜를 말할 때는 앞에 전치사 on을 붙여 주며, 날짜는 서수(1st, 2nd, 3rd…7th, 8th 등)로 말한다.

💬 구체적인 요일과 날짜 표현을 익혀 두자.

- 요일: **Sunday** (일요일)　　**Monday** (월요일)　　**Tuesday** (화요일)
　　　Wednesday (수요일)　**Thursday** (목요일)　**Friday** (금요일)
　　　Saturday (토요일)
- 날짜: 며칠 전(a few days ago)　　엊그제(the day before yesterday)
　　　어제(yesterday)　　　　　　오늘(today)
　　　내일(tomorrow)　　　　　　모레(the day after tomorrow)
　　　글피(two days after tomorrow; three days from today)

Unit 3 약속 날짜를 정할 때

상대방과 약속을 정할 때는 〈시간(time)〉, 〈장소(place)〉를 명확하게 확인하는 습관이 중요하며, 또한 상대방의 입장이나 처지를 고려하는 것이 기본적인 예의이다. 하지만 막연한 제안보다는 구체적인 것을 제시하거나, 두 가지 이상의 선택지를 주고 양자택일하도록 하는 것이 상대방에게 망설이지 않고 쉽게 결정하게 하는 비결이 될 수 있다.

 실 전 에 활 용 하 는 다 이 얼 로 그

A: When is it convenient for you?
B: Any day is OK.

A: 언제가 좋아요?
B: 언제라도 좋아요.

A: How about Sunday or Monday?
B: Either day is OK with me.

A: 일요일이나 월요일은 어때요?
B: 저는 둘 다 괜찮아요.

Usage

상대방의 제안에 대해 흔쾌히 수락하는 표현으로 OK.(Okay.) / Thank you. / That's a good idea. / All right.만한 표현도 없을 것이다. 그 밖에도 That's all right. / That sounds good. / It's a deal. / No problem. 등의 응답 표현이 널리 활용된다.

그러나 동의와 동조를 나타내는 I think so. / Sure. / Of course. / Certainly. / So it is. / I agree with you. / You said it. 등과는 구별해서 사용하길 바란다.

☆ 언제가 좋아요?

When is it convenient for you?

☆ 언제 만날까요?

When shall we meet?

☆ 내일은 어때요?

How about tomorrow?

☆ 이번 주 화요일은 괜찮아요?

Is this Tuesday OK with you?

☆ 일요일이나 월요일은 어때요?

How about Sunday or Monday?

☆ 내일 일해요?

Are you working tomorrow?

☆ 이번주 토요일은 바빠요?

아 유 비지 디스 쎄러데이
Are you busy this Saturday?

☆ 저는 아무 때나 괜찮아요.

이더 데이 이즈 오케이 윗 미
Either day is OK with me.

☆ 일요일이 좋아요.

썬데이 이즈 화인
Sunday is fine.

☆ 언제라도 좋아요.

에니 데이 이즈 오케이
Any day is OK.

☆ 목요일 빼고는 언제라도 좋아요.

에니 데이 익셉트 써즈데이
Any day except Thursday.

- convenient 편리한; 형편이 좋은
- Tuesday 화요일
- Sunday 일요일
- Monday 월요일
- busy 바쁜
- Saturday 토요일
- either ~ 어느 쪽이든~
- fine 좋은, 괜찮은
- except ~을 제외하고

 회　화　를　위　한　영　문　법

1. When is it convenient for you?

정확하게는 "당신에게 언제가 편하십니까?" "언제쯤이 좋을까요?"라는 의미를 내포하고 있어 상대방을 배려하는 표현이다.

2. When shall we meet?

직역은 "언제 만나게 될까요?"라는 의미지만 상대방의 의견을 묻는 것으로 "언제로 할까요?"라는 가벼운 느낌으로도 사용된다.

3. How about ~?

'~는 어때요?'라고 상대의 의견을 묻는 아주 편리한 구어체 표현이다.

서로 막역한 사이에 제안하거나 권유할 때 편리하게 사용할 수 있는 만능 표현으로써 What about ~?과 How about ~?이 남녀노소 불구하고 널리 활용된다. 다소 정중한 표현으로는 Shall I(we) ~?(~할까요?) / Let's ~.(~합시다.) / Why don't you ~?(~하지 않을래요?) 등의 표현도 자주 활용된다.

- What about a cup of coffee?
- How about a drink?

Unit 4 약속 시간을 정할 때

여기에서는 약속 시간을 정할 때 사용되는 표현을 다루게 되는데 〈How about ~?〉이라는 문형을 활용한다. 특히 시각(o'clock)을 여러 가지로 정확히 나타내는 표현을 알아두면 편리하다. 몇 시(times), 몇 분(minutes), 몇 초(seconds) 따위와 관련된 표현법도 아울러 알아두면 매우 유용하게 사용할 수 있다.

CONVERSATION 실전에 활용하는 다이얼로그

A: What time would be best for you?
B: Nine is fine.

A: 몇 시가 가장 좋아요?
B: 9시가 좋아요.

A: Any time in the morning.
B: Well, let's make it eleven.

A: 오전 중이라면 몇 시라도 괜찮아요.
B: 그럼, 11시로 해요.

Usage
서양인들은 "전 괜찮아요. / 전 상관없어요."라는 뉘앙스의 표현을 그다지 좋아하지는 않는다. 다소 분명한 의사표현을 원하기 때문이다.

- I don't care ~
- It doesn't matter ~
- I don't mind -ing ~

 **BASIC EXPRESSIONS** 영 어 로 말 해 봐!

☆ 몇 시로 할까요?

왓 타임 쉘 위 메이킷
What time shall we make it?

☆ 몇 시가 가장 좋아요?

왓 타임 웃 비 베스트 훠 유
What time would be best for you?

☆ 몇 시쯤으로 할까요?

어바웃 왓 타임
About what time?

☆ 10시는 어때요?

하우 어바웃 텐 (어클락)
How about ten (o'clock)?

☆ 10시 30분 정도는 어때요?

하우 어바웃 텐 써리[써티]
How about ten thirty?

☆ 10시 지나서는 어때요?

하우 어바웃 패슷 텐
How about past ten?

☆ 너무 이른가요?
이즈 잇   투   어얼리
Is it too early?

☆ 너무 늦나요?
이짓   투   레잇
Is it too late?

☆ 5시로 합시다.
레츠   메이킷   화이브
Let's make it five.

☆ 5시 이후라면 언제든지 좋아요.
에니   타임   앱터   화이브
Any time after five.

☆ 몇 시라도 괜찮아요.
에니   타임   이즈   오케이
Any time is OK.

- best 가장 좋은
- about ~쯤
- o'clock ~시 정각
- past ~을 지나서
- too 너무 ~
- early 이른
- late 늦은
- any time 언제든지, 몇 시라도
- after ~이후

 **CHECK-POINT** 회 화 를 위 한 영 문 법

1. What time shall we make it?

〈make it〉은 '형편을 맞추다, 시간을 정하다'는 의미로 "몇 시로 할까요?"라는 표현이다.

2. How about ~?

'~는 어때요?'라는 표현으로, 상대방에게 캐주얼하게 권하는 표현이다.

3. Let's make ~

누군가와 타협을 하거나 시간 약속을 정할 때 사용하는 표현으로, Let's make a deal.(그 가격으로 합시다. / 우리 타협합시다.)라는 의미로 널리 활용된다.

〈~ shall we make it?〉 패턴 문형은 '약속 시간'이나 '약속 장소'를 정할 때 사용하는 표현으로써 널리 활용된다.

- 시간: What time shall we make it?
- 장소: Where shall we make it?

Unit 5 약속 장소를 정할 때

구체적인 장소를 설명할 때는 위치를 말하는 기본 표현들, 앞(in front of), 뒤(behind), 건너편(across) 따위의 표현들을 이용하면 편리하다.
Where shall ~?이나 Where should ~?는 상대방의 의지에 따르겠다는 뉘앙스이므로 상대방을 배려하는 듯한 인상을 줄 수 있다.

A: Where do you want to meet?
B: Any place you want.

A: 어디서 만날까요?
B: 당신이 원하는 곳이면 어디든 좋아요.

A: Where should I go?
B: Anywhere is OK.

A: 어디로 가면 되나요?
B: 어디든 좋아요.

Usage

Where should I go?라는 표현은 원래는 Where do you think I should go?에서 유래된 표현이며, 달리 표현하면 Let me know where I should go. / Let me know where to go.라는 표현으로 대체해도 무방하다. 여기서 should는 긍정적 결과를 얻을 수 있는 선택에 대한 권고(따르지 않아도 나쁠 것은 없음)를 나타낸다.
유사한 표현으로 Where do I need to go?라는 문장으로도 대체 가능하다.

 **BASIC EXPRESSIONS** 영 어 로 말 해 봐 !

☆ 어디에서 만날까요?

웨어 쉘 위 밋
Where shall we meet?

☆ 어디서 만나길 원하세요?

웨어 두 유 원 투 밋
Where do you want to meet?

☆ 어디로 정할까요?

웨어 숫 위 밋
Where should we meet?

＊ 이 표현은 Where's a good place to meet up?이라는 표현으로 대체해도 무방하다.

☆ 제가 어디로 갈까요?

웨어 슈다이 고
Where should I go?

☆ 우선 딩신 집으로 갈게요.

아일 고 투 유어 하우스 퍼스트
I'll go to your house first.

☆ 학교는 어때요?

하우 어바웃 앳 스쿨
How about at school?

☆ 역은 어때요?
How about at the station?
_{하우 어바웃 앳 더 스테이션}

☆ 개찰구는 어때요?
How about at the ticket gate?
_{하우 어바웃 앳 더 티킷 게잇}

☆ 당신이 원하는 곳이면 어디든 상관없어요.
Wherever you want is okay.
_{웨어레버 유 원 이즈 오케이}

> * 상대방에게 약속 장소 결정을 일임하는 표현으로써 You decide where. / You pick the place. 등과 같은 뉘앙스의 표현이다.

WORDS

- where 어디에서, 어디에
- meet 만나다
- first 먼저
- school 학교
- station 역
- ticket gate 개찰구

 회화를 위한 영문법

1. Where shall we meet?

만날 장소를 정할 때 상대방의 의견을 묻는 표현이다.

2. Where do you want to meet?

직역을 하면 "당신은 어디에서 만나고 싶어요?"이므로 이 표현 또한 상대방의 편의를 고려한 표현법이다.

3. Where should I go?

얼핏 보면 "제가 어디로 가야만 하나요?"라는 의미이지만 "제가 어디로 가면 될까요?" 즉, 약속 장소를 묻는 표현이다.

상대방에게 '약속 장소'나 '약속 시간'을 구체적으로 제안할 때 〈How about ~?〉이라는 패턴 문형을 활용하면 된다.

ⓒ 약속 장소를 제안할 때
- How about at the store?
- How about at the theater?

ⓒ 약속 시간을 제시할 때
- How about next Saturday?
- How about one o'clock?

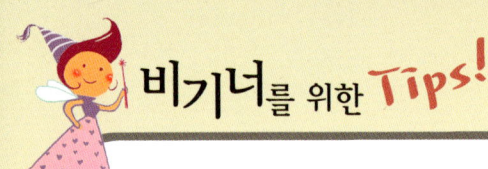

1 약속을 거절할 때

초대를 받으면 흔쾌하게 응할 수도 있지만 영 내키지 않을 수도 있다. 초대를 받아들일 거라면 이왕이면 기꺼이 기분 좋게 OK하자. 거절해야 한다면, 또는 거절할 수밖에 없는 상황이라면 상대방의 기분이 상하지 않도록 완곡하게 표현해야 한다.

I've got a previous engagement.
저는 선약이 있습니다.

Sorry, but I have another appointment.
죄송하지만 다른 약속이 있어요.

2 약속을 변경할 때

갑자기 급한 일이 생겼다거나 몸이 아프다거나 고향 친구가 연락도 없이 찾아온다거나 심지어는 갑작스런 폭우 때문에 교통편이 여의치 못하다거나 하는 등의 피치 못할 사정으로 약속을 변경해야 할 때가 있다. 이럴 때는 주로 전화를 이용하게 되는데 상대방이 오해하지 않도록 양해를 구하는 표현들을 확실하게 알아두자.

I'd like to change our date to next weekend.
우리 약속을 다음 주말로 바꿨으면 해요.

Can we reschedule our appointment?
우리 약속을 변경할 수 있을까요?

Something's come up, so I won't be able to make it to our appointment.
갑자기 일이 생겨서 약속을 지킬 수 없을 것 같아요.

I hope you'll understand me. I'll come to that.
이해해 주시길 바래요. 이유는 나중에 말씀드릴게요.

Chapter 3

날짜와 시간, 날씨

시간이나 요일, 날짜, 날씨와 관련된 표현은 날마다 사용하게 되므로 정확한 표현과 표현법을 익혀두어 언제라도 사용할 수 있도록 익혀 두자!

Unit 1 날짜를 말할 때

날짜를 말할 경우에는 구체적인 기간을 제시하는 경우도 많지만 막연한 시간을 언급할 때도 종종 있다. 특히 요일이나 날짜를 표현할 경우에는 특정 시점을 전후하여 활용되는 부수적인 표현법에 주의해야만 한다.

시간이나 날짜를 나타낼 경우에는 비인칭 주어 it을 활용하는데 년(year), 월(month), 일(day)과 관련된 표현을 미리 숙지하길 바란다.

CONVERSATION 실전에 활용하는 다이얼로그

A: What is the date today?
B: It's May 5th.

A: 오늘이 며칠이죠?
B: 5월 5일이에요.

A: What day is it today?
B: It's Sunday.

A: 오늘은 무슨 요일이죠?
B: 일요일이에요.

Usage

일반적으로 개수를 나타낼 때에는 기수(cardinal number)를 사용하며, 날짜를 나타내는 경우에는 서수(ordinal number)를 활용한다.

- 기수: one, two, three, four, five, six, seven, eight, nine, ten, eleven, twelve, thirteen, …… twenty, twenty-one, twenty-two ……
- 서수: first, second, third, fourth, fifth, sixth, seventh, eighth, ninth, tenth, eleventh, twelfth, thirteenth, …… twentieth, twenty-first, twenty-second ……

BASIC EXPRESSIONS 영 어 로 말 해 봐 !

☆ (오늘은) 몇 월 며칠인가요?

왓츠 더 데이옵 더 먼쓰
What's the day of the month?

☆ 오늘은 며칠인가요?

왓츠 더 데잇 투데이
What's the date today?

☆ 오늘은 며칠인가요?

왓 이즈 투데이즈 데잇[데이트]
What is today's date?

☆ 4월 1일이에요.

잇츠 더 퍼스돕 에이프럴
It's the first of April.

☆ 오늘은 무슨 요일인가요?

왓 데이 이짓 투데이
What day is it today?

☆ 오늘은 무슨 요일인가요?

왓 데이 옵더 위크 이짓 투데이
What day of the week is it today?

☆ 오늘은 수요일이에요.

　　　잇츠　　　　웬즈데이
It's Wednesday.

☆ 지금은 몇 월이에요?

　　왓　　먼쓰　　이짓　라잇　　나우
What month is it right now?

☆ 당신은 몇 월에 태어났어요?

　　인　위치　　먼쓰　　워　유　　본
In which month were you born?

 날짜와 관련된 표현

- last month[라스트 먼쓰] 지난달
- last week[라스트 위크] 지난주
- next week[넥스트 위크] 다음주
- next month[넥스트 먼쓰] 다음달
- next year[넥스트 위크] 내년
- the day before yesterday
  [더 데이 비훠 예스터데이] 그저께
- yesterday[예스터데이] 어제
- today[투데이] 오늘
- tomorrow[투머로우] 내일
- the day after tomorrow
  [더 데이 앱터 투머로우] 모레
- in a few days[이너퓨 데이즈] 며칠 이내에
- in a year[이너 이여] 1년 이내에
- in two days[인 투 데이즈] 2일 이내에
- after a few days[앱터퓨 데이즈] 며칠 후에
- the other day[디 아더 데이] 일전에
- someday[썸데이] 언젠가
- sometime[썸타임] 언젠가(※미래에만 사용해야 함)
- sooner or later[쑤너 오어 래이러] 곧

CHECK·POINT 회 화 를 위 한 영 문 법

1. What's the date today?

날짜를 묻는 경우에는 date를 사용한다. What is today's date?도 유사한 표현으로 쓸 수 있다.

2. It's the first of April.

날짜를 말할 때에는 서수를 활용하여 두 가지 방법으로 표현할 수 있는데, It's April 4th. 와 It's the 4th of April.이렇게 두 가지 방법으로 표현할 수 있다. the first of April은 4월 1일이므로 '만우절'을 뜻하기도 한다.

3. What day is it today?

요일을 묻는 경우에는 what day(무슨 요일)을 사용하며, 날짜를 묻는 경우에는 date를 사용한다.

요일이나 월(달)을 표기할 경우에는 항상 '대문자'로 시작한다는 사실을 기억하도록 하자.

- 요일 : Monday, Tuesday, Wednesday, Thursday, Friday, Saturday, Sunday
- 월(달): January, February, March, April, May, June, July, August, September, October, November, December

Unit 2 시간을 말할 때

흔히 상대방에게 〈시간〉을 물어보는 표현에는 What time is it? / Do you have the time? / May I have the time? 등이 있는데 이에 대한 응답을 할 때 It's forty-five.처럼 〈시간(hour)〉을 먼저 말하고, 그 다음에 〈분(minute)〉을 차례대로 말하면 된다. 시간을 다소 강조하는 경우에는 부사어를 활용하면 좀 더 명확한 표현을 할 수 있게 된다.
오전과 오후를 구분하고자 할 때는 오전은 a.m.(라틴어 ante meridiem의 약어), 오후는 p.m.(라틴어 post meridiem의 약어)을 활용하면 된다.

CONVERSATION 실 전 에 활 용 하 는 다 이 얼 로 그

A: What time is it now?
B: It's six o'clock.

A: 지금 몇 시예요?
B: 6시 정각입니다.

Usage
일반적으로 시간을 나타낼 경우에는 30분을 기준점으로 달리 표현한다. 정각일 경우에는 It's five o'clock.처럼 o'clock을 덧붙여 주면 된다.

♣ 5시 15분입니다.
- It's five fifteen.
- It's a quarter after five.
- It's a quarter past five.

♣ 5시 45분입니다.
- It's five forty-five.
- It's a quarter to six.
- It's a quarter before six.

 **BASIC EXPRESSIONS** 영　어　로　말　해　봐　!

☆ 몇 시예요?

　　왓　　　타임　　이짓
What time is it?

☆ 지금 몇 시예요?

　　왓　　　타임　　이짓　　나우
What time is it now?

☆ 7시예요.

　잇츠　　쎄븐　　　(어클락)
It's seven (o'clock).

☆ 정각 7시예요.

　　잇츠　　저슷　　쎄븐
It's just seven.

☆ 벌써 7시예요.

　잇츠　　올레디　　쎄븐
It's already seven.

☆ 곧 7시예요.

　잇츠　　니얼리　　쎄븐
It's nearly seven.

☆ 막 7시가 지났어요.

잇츠 져스트 패슷 쎄븐
It's just past seven.

☆ 7시 15분이에요.

잇츠 쎄븐 휘프틴
It's seven fifteen.

☆ 7시 26분이에요.

잇츠 쎄븐 퉨티씩스
It's seven twenty-six.

☆ 7시 반이에요.

잇츠 쎄븐 써리[써티]
It's seven thirty.

- o'clock 시각, 정각
- just 딱, 정확히
- already 벌써, 이미
- nearly 거의
- past 지난, 지나간

 회　화　를　위　한　영　문　법

1. What time is it?

구어에서는 시간을 묻는 표현으로 Do you have the time?이라는 표현도 즐겨 쓴다.

2. It's seven (o'clock).

그냥 It's seven.이라고 해도 되지만 정각 7시임을 강조할 경우에는 o'clock sharp를 뒤에 덧붙여 준다.

3. It's seven fifteen.

7시 15분은 It's seven fifteen.이나 It's a quarter after seven.으로 표현이 가능하며, 6시 45분은 It's a quarter before seven.으로도 표현이 가능하다.

시간의 단위나 명칭은 시간(hour), 분(min.; minute), 초(sec.; second)로 나타내며, 흔히 time은 일반적인 시간을 표현하고 hour는 '시각(time of day)'을 나타낸다.

Do you have the time?은 상대방에게 시간을 물을 때 사용하는데, Do you have time?(시간 좀 있나요?)과 같이 정관사 the가 없을 경우에는 Are you free now? 혹은 Are you available now?라는 뜻으로 쓰인다.

Unit 3 날씨에 관해 말할 때 (1)

처음 만난 상대와 대화할 때, 사회적 이슈(social issues)나 정치적 이슈(political issues), 혹은 개인적인 신상에 관한 얘기를 할 수는 없는 노릇이다.
한국인들은 흔히 식사 여부를 묻는 경우가 대부분인 반면에 서양인들은 날씨를 주제로 삼거나 먼저 인사를 나눌 때가 많다. 그래서 날씨 얘기는 세계인의 가장 보편적인 화젯거리이다.

CONVERSATION 실전에 활용하는 다이얼로그

A: How's the weather?
B: It's a lovely day.

A: 날씨는 어때요?
B: 아주 좋아요.

A: How is it outside?
B: It's going to rain.

A: 밖은 어때요?
B: 당장이라도 비가 올 것 같아요.

Usage

현재나 가까운 미래의 날씨 상태를 말할 때 〈It's going to ~〉의 패턴 문형은 "~할 것만 같아요."라는 자신의 추측이나 예상을 나타내는 표현법이다. 그 밖에도 유사한 표현법으로 다음과 같은 패턴 문형도 널리 활용되고 있다.

♣ It looks like ~
· It looks like rain.

♣ It's likely to ~
· It's likely to rain.

♣ I think it's going to ~
· I think it's going to rain.

 **BASIC EXPRESSIONS** 영 어 로 말 해 봐 !

☆ 날씨 어때요?

하우즈 　더 　웨더
How's the weather?

☆ 오늘 날씨 어때요?

하우즈 　더 　웨더 　투데이
How's the weather today?

☆ 오늘 날씨 어때요?

하우즈 　투데이즈 　웨더
How's today's weather?

☆ 밖은 어때요?

하우 　이짓 　아웃사이드
How is it outside?

☆ 바깥 날씨는 어때요?

왓 　이짓 　라익 　아웃사이드
What is it like outside?

☆ 오늘 날씨가 쌀쌀하군요.

잇츠 　칠리 　투데이
It's chilly today.

☆ 오늘은 바람이 많이 불어요.

잇츠 윈디 투데이
It's windy today.

☆ 밖은 춥나요?

이즈 잇 콜드 아웃싸이드
Is it cold outside?

☆ 밖은 덥나요?

이즈 잇 핫 아웃싸이드
Is it hot outside?

☆ 오늘 날씨가 춥죠, 그렇죠?

잇츠 콜드 투데이 이즈닛
It's cold today, isn't it?

※ 날씨 상황을 묻는 표현법으로써 부가의문문을 활용한다.

WORDS

- weather 날씨
- today 오늘의
- outside 밖, 바깥
- chilly 쌀쌀한, 추운
- windy 바람이 많이 부는
- cold 추운
- hot 더운

 회화를 위한 영문법

1. How's the weather?

날씨를 물을 때 쓰는 관용 표현이다. 단도직입적으로 How does the weather look for today?라고 물어도 된다.

2. How is it outside?

"밖은 어때요?" 날씨를 포함해서 전반적인 바깥의 기온이나 상황을 묻는 표현이다.

3. It's cold today, isn't it?

"(날씨 따위가) ~그렇죠?, ~그렇지 않습니까?"라는 뜻으로 쓰이는 부가의문문으로 상대방의 '동의'를 이끌어내고자 할 때 사용하는 표현법이다.

부가의문문(question tag)은 평서문 끝에 붙어 질문이나 진술 내용의 확인 기능을 하는데 〈It is ~, isn't it?〉의 패턴 문형은 자신이 느끼거나 생각하고 있는 바에 대해 상대방의 동의나 동조를 유도하는 표현법으로 널리 활용된다. 이러한 부가의문문에 대한 응답은 "예, 그렇습니다."라고 할 경우에는 Yes, it is.라고 표현하며, "아니오, 그렇지 않습니다."라고 할 경우에는 No, it isn't.라고 하면 된다.

· It's windy, isn't it? 바람이 많이 부는군요, 그렇죠?
· You like mushrooms, don't you? 당신은 버섯을 좋아하잖아요, 그렇죠?

Unit 4 날씨에 관해 말할 때 (2)

영어에서는 시간(time), 거리(distance), 날씨(weather) 등을 말할 때, 적당히 사용할 주어가 없어서 사용하는 it을 '비인칭 주어 it'이라고 한다.

기상과 관련된 표현을 할 때에는 명사형 단어에 -y만 붙이면 형용사 표현이 되는 경우가 많다. 가령, rainy(비가 오는), 그리고 windy(바람이 부는), foggy(안개가 낀), snowy(눈이 오는), cloudy(구름이 낀), sunny(햇볕이 쬐는), icy(얼음이 덮인), stormy(폭풍우가 치는) 등이 있다.

A: Is it still raining?
B: It's still raining.

A: 아직도 비가 와요?
B: 네, 아직도 내리고 있어요.

A: It looks like rain.
B: I should bring my umbrella.

A: 비가 올 것 같아요.
B: 우산을 가지고 가는 게 좋겠어요.

Usage

자신의 '의무'나 '당위성'을 나타낼 경우에 〈I should ~(~하는 편이 좋겠어요.)〉라는 문형을 활용하는데 〈I think I should ~〉라고 표현하면 그 뜻이 분명히 전달될 수 있다.

- (I think) I should return it. 그걸 되돌려줘야겠어요.
- (I think) I should stop here. 그만 마셔야겠어요.
- (I think) I should be on my way. 그만 가봐야겠어요.

BASIC EXPRESSIONS 영 어 로 말 해 봐 !

☆ 비가 올 것 같아요.

<small>잇 룩스 라익 레인</small>
It looks like rain.

☆ 당장이라도 비가 올 것 같아요.

<small>잇츠 고잉 투 레인</small>
It's going to rain.

☆ 비가 오기 시작해요.

<small>잇츠 비기닝 투 레인</small>
It's beginning to rain.

☆ 아직도 비가 와요?

<small>이즈 잇 스틸 레이닝</small>
Is it still raining?

☆ 비가 엄청 많이 와요.

<small>잇츠 레이닝 얼랏</small>
It's raining a lot.

※ '비가 아주 많이 오다.'라는 관용 표현으로 It has been raining cats and dogs.가 쓰이기도 한다.

☆ 비가 그쳤어요.

<small>잇 스탑트 레이닝</small>
It stopped raining.

☆ 바람이 점점 많이 불어요.
　　　잇츠　　게링　　　원디
It's getting windy.

☆ 바람이 멎었어요.
　　더　　윈드　　해즈　　스탑트
The wind has stopped.

☆ 눈이 올 것 같아요.
　　잇　　룩스　　라익　　스노우
It looks like snow.

☆ 아직도 눈이 와요?
　이즈 잇　스틸　　스노잉
Is it still snowing?

☆ 눈이 그쳤어요.
　　잇　　스탑트　　스노잉
It stopped snowing.

- look like ~일 것 같다
- rain 비; 비가 오다
- begin ~하기 시작하다
- still 여전히
- a little 조금
- really 정말로
- snow 눈; 눈이 오다
- stop 그치다
- windy 바람이 부는
- wind 바람

 회　화　를　위　한　영　문　법

1. It looks like rain.

〈It looks like ~〉 '(날씨가) ~할 것 같아요. / 그것은 ~처럼 보여요.'라는 뜻으로 활용되는 문형으로써 〈It's going to ~〉와 유사한 문형이다.

2. It's going to rain.

〈It's going to + 동사 ~〉는 '금방이라도 ~하려고 하다'라는 상황의 예측이나 예상 표현이다.

3. It's getting windy.

〈It's getting ~〉 패턴은 '점점 ~한 상태로 되고 있다'라고 할 때 사용한다.

〈It looks like ~〉는 어느 정도 예상하거나 추측하였다는 뉘앙스가 담긴 표현으로 가능성이 높음을 나타내는 표현이다. 앞에서 설명했던 〈It's going to ~〉 다음에는 동사나 동사구가 오지만 〈It looks like ~〉 다음에는 명사나 명사 상당어구(절)가 온다는 점에 유의하길 바란다.

· It looks like snow. *It looks like snowing.
· It looks like thunder.
· It looks like it's going to rain.

Unit 5 날씨에 관해 말할 때 (3)

〈It's + 형용사(보어)〉 패턴으로 〈날씨(weather)〉뿐만 아니라 〈시간(time)〉, 〈거리(distance)〉, 〈온도(temperature)〉, 〈명암(light and shade[darkness])〉 따위를 나타내기도 한다.
그리고 〈It's getting + 비교급〉 패턴으로 '점점 더 ~하게 되다'라는 '상태의 지속'을 표현할 수도 있다.

A: How's the weather today?
B: It's fine.

A: 오늘 날씨는 어때요?
B: 좋아요.

A: Is it cold outside?
B: It's very cold.

A: 밖은 추워요?
B: 너무 추워요.

Usage

막연하게 "날씨가 좋다"라는 표현은 The weather is good. / It's good weather.처럼 표현해도 되겠지만 회화에서는 다음과 같은 표현을 활용한다.

- It's a lovely day.
- It's sunny outside.
- It's a gorgeous day.
- It's a nice day today.   ※It's a fine day today.
- It's a good day.

 **BASIC EXPRESSIONS** 영 어 로 말 해 봐 !

☆ 날씨가 습하군요.

잇츠   휴미드
It's humid.

☆ 건조하군요.

잇츠   드라이
It's dry.

☆ 공기가 건조하군요.

디   에어 이즈 드라이
The air is dry.

☆ 날씨가 좋군요.

잇츠   화인
It's fine.

☆ 시원하군요.

잇츠   쿨
It's cool.

☆ 쌀쌀하군요.

잇츠   칠리
It's chilly.

☆ 너무 춥군요.

잇츠 베리 콜드
It's very cold.

☆ 따뜻하군요. / 덥군요.

잇츠 웜
It's warm.

☆ 점점 따뜻해지고 있군요..

잇츠 게링[게팅] 워머 앤 워머
It's getting warmer and warmer.

☆ 날씨가 점점 나빠지는군요.

더 웨더 이즈 게링 워스 앤 워스
The weather is getting worse and worse.

☆ 햇빛이 났군요.

더 썬 해즈 컴 아웃
The sun has come out.

- humid 습한
- dry 건조한
- air 공기
- fine 좋은
- cool 시원한
- chilly 쌀쌀한
- cold 추운 *cold의 비교급
- warm 따뜻한
- weather 날씨
- worse 더 나쁜 *bad의 비교급

CHECK-POINT 회화를 위한 영문법

1. It's warm.

'따뜻하다'라기보다 '덥다'에 가까운 표현이다.

2. The weather is getting worse and worse.

직역하면 '날씨가 점점 더 나빠지다'라는 표현으로 worse and worse는 '설상가상'으로라는 의미를 내포하고 있다.

3. The sun has come out.

직역하면 "태양이 나왔다."라는 의미인데 '태양이 작열하다, 햇볕이 쨍쨍하다'라는 표현이다. come out은 '(해·달·별이) 나오다, 출현하다'라는 뜻으로 사용되는 숙어이다.

예 have/has + come(p.p.) → 현재완료 시제

〈It's getting + 비교급〉으로 '점점 더 ~해지다'라는 상태 표현이다. It's getting warmer and warmer.를 달리 표현하면 The weather is getting warmer and warmer.라고 해도 무방하다.

- It's getting harder. 점점 더 어려워지는군요.   ※시험 문제나 공부 따위
- It's getting dark. We'd better turn back. 어두워지니까 돌아가는 편이 좋겠어요.
- It's getting late. Can you just wrap it up?
  시간도 늦어지는데 대충 마무리하시겠어요?

Unit 6 날씨에 관해 말할 때 (4)

현재의 날씨, 혹은 일기 상황이나 상태를 표현할 때 형용사 상당어구(명사 + -y / 현재분사)를 활용하여 표현하게 되는데 이럴 경우에도 비인칭 주어 it을 활용하게 된다. 가령, windy(바람이 부는), sunny(화창한), rainy(비가 오는), cloudy(구름이 낀), foggy(안개가 낀), chilly(쌀쌀한), gloomy(흐린), snowy(눈이 오는), stormy(폭풍우가 치는) 따위는 기상통보관이 일기예보(forecast)를 할 때 사용하는 표현이다.

CONVERSATION 실전에 활용하는 다이얼로그

A: It's very nice weather today.
B: Sure thing.
A: 오늘 날씨가 좋군요.
B: 정말 그렇군요.

A: It's terribly cold today.
B: Yes, it is.
A: 오늘은 엄청 춥군요.
B: 네, 그렇군요.

Usage

감정이나 날씨를 표현함에 있어서 그 정도를 '강조'할 때 very, much, so, too 등과 같은 부사어도 활용하지만 다소 좋지 못한 것을 강조할 경우에는 severely, heavily, awfully, terribly, deadly 등의 부사를 동사 다음에 위치시킨다. 또한 강조를 나타내는 형용사를 활용하여 날씨를 표현하기도 한다.

♣ 부사어를 활용한 표현법
- It's awfully hot, isn't it? *끔찍스럽게
- I don't think I'm really terribly hungry. *몹시

♣ 형용사를 활용한 표현법
- It's an awful day. *끔직한, 지독한
- It's a terrible day. *소름끼치는

BASIC EXPRESSIONS 영어로 말해봐!

☆ 날씨가 좋아요.

  잇츠   뷰리플[뷰티플]
  It's beautiful.

☆ 날씨가 흐려요.

  잇츠   클라우디
  It's cloudy.

☆ 바람이 불어요.

  잇츠   윈디
  It's windy.

☆ 눈이 와요.

  잇츠   스노잉
  It's snowing.

☆ 비가 와요.

  잇츠   레이닝
  It's raining.

☆ 날씨가 너무 춥군요.

  잇츠   프리징
  It's freezing.

☆ 오늘 날씨가 매우 좋군요.

잇츠   베리   나이스   웨더   투데이
It's very nice weather today.

＊ warm은 '따뜻한'보다 '더운'에 가깝다.

☆ 오늘 날씨가 몹시 춥군요.

잇츠   테러블리   콜드   투데이
It's terribly cold today.

☆ 햇빛이 너무 강해요.

더   선라잇   이즈   베리   스트롱
The sunlight is very strong.

☆ 태풍이 오고 있어요.

어   타이푼   이즈   커밍
A typhoon is coming.

- cloudy 흐린, 꾸물거리는
- windy 바람이 부는
- snowing 눈이 오는
- freezing 너무 추운
- sunlight 햇볕
- strong 강한, 센
- typhoon 태풍

CHECK-POINT 회 화 를 위 한 영 문 법

1. It's beautiful.

본래는 It's a beautiful day today.라는 의미의 표현인데 '형용사'를 주격 보어로 사용해 간단히 표현할 수도 있다.

2. It's freezing.

날씨가 '꽁꽁 얼 만큼 추운' 상태를 나타낼 때 주격 보어로 형용사인 freezing을 쓴다. 자기 자신이 추운 경우라면 I'm freezing!(추워 죽겠어요.)라는 표현을 사용한다.

3. A typhoon is coming.

태풍은 cyclone, hurricane이라고도 하는데 기상예보를 통해 얻은 정보를 말하고 있다.

날씨나 기상 상황을 표현하는 말로는 위에서 배운 표현 말고도 다양한 표현들이 있으므로 익혀 두어 유용하게 활용하도록 하자.

💬 몹시 더울 때의 표현
- It's boiling hot. *boil 끓다
- It's sizzling hot. *sizzle 지글거리다
- It's scorching. *scorch 불에 그슬리다, 누렇게 마르다

💬 너무 추울 때의 표현
- It's very cold.
- It's freezing. *freeze 한파
- It's chilly. *chill 냉기, 한기

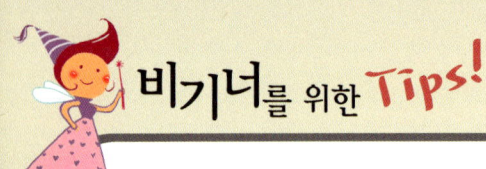

상대방으로부터 Thank you. / Thank you very much. / Thanks a lot. / Thanks for all your help. 따위의 감사 인사를 받았을 때 서양인들은 "별말씀을요. / 천만에요."라는 말이 습관처럼 입 밖으로 튀어나온다.
상황에 따라 달리 표현될 수도 있으므로 사용시 유의하길 바란다.

1 천만에요.

You're welcome.
Not at all.
My pleasure.
Don't mention it.

2 별말씀을요.

Don't mention it.
Not at all.
No problem.
Think nothing of it.
My pleasure.
No big deal.
No sweat.
Any time.

Chapter 4

기분과 감정

상대방에게 감정을 표현할 경우에는 배려하는 것도 필요하지만
적극적으로 감정을 표출하면 훨씬 더 가까워질 수 있는 기회가 될 수 있다.

Unit 1 고마움을 표현할 때

서양인들은 인간관계와 관련하여 혹은 일상생활에서 비교적 감사의 말과 사과의 표현을 넘칠 정도로 많이 사용한다. 예를 들면, Thank you. / I'm sorry. / You're welcome! 등과 같은 표현은 입에 달고 산다. 특히 대단한 일이 아니라도 상대를 배려하여 고마움을 확실히 표현할 줄 알아야 한다. 구체적으로 고마움을 표하는 이유를 밝히고자 할 때는 Thank you for ~ 뒤에 '명사 상당어구'를 붙여 주면 된다.

CONVERSATION 실전에 활용하는 다이얼로그

A: Thank you so much.
B: You're welcome.

A: 정말 고맙습니다.
B: 천만에요.

A: Thank you for helping me.
B: That's OK.

A: 도와줘서 고맙습니다.
B: 별말씀을요.

Usage

감사 인사에 대한 적절한 응답 표현은 "별말씀을요. / 천만에요. / 괜찮습니다."와 같은 말이 적당한데 진정성이 중요하므로 상황에 따라 달리 표현하도록 하자.

♣ 천만에요.
- You're welcome.
- Don't mention it. / Not at all.

♣ 괜찮아요.
- That's all right.
- That's OK. / No problem.

♣ 별 것 아니에요.
- It was nothing. / No big deal. / No sweat.

 **BASIC EXPRESSIONS** 영　어　로　말　해　봐　!

☆ 감사해요. / 고마워요.

　　　땡스
Thanks.

☆ 감사합니다.

　　　땡큐
Thank you.

☆ 정말 고맙습니다. / 정말 감사합니다.

　　땡큐　　　베리　　머치
Thank you very much.

☆ 매우 고맙습니다. / 매우 감사합니다.

　　땡큐　　쏘　　머치
Thank you so much.

☆ 친절히 대해 주셔서 감사합니다.

　　땡큐　　휘　유어　　카인너스
Thank you for your kindness.

☆ 당신의 노고에 감사드립니다.

　　땡큐　　휘　유어　　추라블[트라블]
Thank you for your trouble.

　　※ 폐를 끼쳤군요.

일상영어회화 첫걸음 끝장내기　**101**

☆ 도와주셔서 감사합니다.

땡큐　훠　헬핑　미
Thank you for helping me.

☆ 와 주셔서 감사합니다.(방문)

땡큐　훠　커밍
Thank you for coming.

☆ 그걸 찾아주셔서 감사합니다.

땡큐　훠　화인딩　잇
Thank you for finding it.

☆ 정말 친절하시군요.

댓츠　베리　카인도브유
That's very kind of you.

☆ 덕분에 많은 도움이 되었습니다.

잇　워저　그레잇　헬프
It was a great help.

- kindness 친절
- trouble 폐, 수고
- help 돕다; 도움
- come 오다
- find 찾다
- kind 친절한
- great 큰, 대단한

 CHECK-POINT 회 화 를 위 한 영 문 법

1. Thanks.

구어체에서 가볍게 사용할 수 있는 표현이며, 감사의 표현을 강조하고자 할 경우에는 뒤에 a lot이나 a million을 덧붙여 준다.

2. Thank you for coming.

'초대'에 응해주거나 '방문'에 대해 감사의 뜻을 전할 때 활용하는 표현이다. 상황에 따라 Thank you for calling.(전화) / Thank you for listening.(경청) 등과 같이 활용하면 된다.

3. great help

스포츠에서 big game이라고 하면 '볼만한, 흥미진진한, 중요한' 게임을 지칭하듯 영어다운 표현에 익숙해지려면 자주 great help(많은 도움)와 같은 표현을 직접 사용해 보아야 한다.

〈Thank you for your + 명사 상당어구〉의 형식으로 "당신의 ~에 대해 고맙게 생각합니다."라는 의미로 사용하며, 간단하게 〈Thank you for + -ing(동명사)〉의 패턴 문형으로 "~해 주셔서 고맙습니다."라는 의미로 활용된다.

😊 〈Thank you for your + 명사 상당어구〉
- Thank you for your help. ※도움
- Thank you for your teaching. ※가르침

😊 〈Thank you for + -ing(동명사)〉
- Thank you for telling me. ※정보의 제공
- Thank you for inviting me. ※초대해준 것(사실)

Unit 2 미안함을 전할 때

인간관계를 유지하는 데 가장 중요하고 어려운 것이 겸손함을 잃지 않는 것이며, 또한 잘못이나 실수에 대해 상대방에게 사과하는 일이다. 누구나 실수를 저지르지만 용기 있고 정중하게 사과하기란 동양인에게는 결코 쉽지 않다.
누군가에게 사과를 받았다면 마땅히 That's all right! / That's OK! / No big deal.처럼 "괜찮습니다."라는 응답 표현도 잊지 말자.

CONVERSATION 실 전 에 활 용 하 는 다 이 얼 로 그

A: Sorry.
B: That's OK.

A: 미안합니다.
B: 괜찮습니다.

A: I'm sorry I'm late.
B: What happened?
A: I missed my train.

A: 늦어서 죄송합니다.
B: 무슨 일 있었어요?
A: 기차를 놓쳤지 뭐예요.

Usage
누군가 진심을 다해 사죄할 경우에는 용서해 주는 넓은 마음가짐이 필요하다. 다음과 같은 사과의 응답 표현도 알아두길 바란다.

- 괜찮습니다. : That's all right.
- 염려마세요. : Don't worry about it. / No sweat.
- 잊어버리세요. : Forget it.
- 신경 쓰지 마세요. : Never mind.

BASIC EXPRESSIONS 영 어 로 말 해 봐 !

☆ 미안해요.

_{쏘리}
Sorry.

= I'm sorry.

☆ 정말 미안합니다.

_{아임 리얼리 쏘리}
I'm really sorry.

☆ 늦어서 미안합니다.

_{아임 쏘리 아임 레잇}
I'm sorry I'm late.

☆ 찾아뵙지 못해 죄송합니다.

_{아임 쏘리 아이 쿠든- 컴}
I'm sorry I couldn't come.

☆ 폐만 끼치고 죄송하군요. / 귀찮게 해서 미안합니다.

_{쏘리 투 추러블 유}
Sorry to trouble you.

☆ 못 도와줘서 미안합니다.

_{쏘리 아이 캔- 헬퓨}
Sorry, I can't help you.

☆ 도울 수 있으면 좋을 텐데.

아이 위쉬 아이 쿠드 헬프
I wish I could help.

☆ (전적으로) 제 책임입니다.

잇츠 마이 폴트
It's my fault.

☆ 어머나, 제 실수입니다.

웁스 마이 미스테익
Oops, my mistake.

☆ 괜찮습니다.

댓츠 올 라잇
That's all right.

☆ 괜찮아요.

노 빅 딜
No big deal.

- really 진짜로
- late 늦은
- trouble 폐를 끼치다
- help 돕다, 도와주다
- wish ~이면 좋겠다
- my 나의, 내 *I의 소유격
- fault 잘못, 책임
- mistake 실수

CHECK-POINT 회화를 위한 영문법

1. I'm sorry I'm late.

약속 시간에 늦었을 때 가볍게 사과하는 표현이다.

2. I wish I could help.

〈I wish I could + 동사원형〉으로 '~했더라면 좋았을 텐데 (못해줘서 미안해요.)'라는 후회나 아쉬움을 표현하는 패턴이다.

3. No big deal.

"별 일 아니야." "그건 식은 죽 먹기야." "괜찮아요."라는 뜻으로 쓰이는데, 구어에서는 It's no big deal.을 줄여서 No big deal.(= Not a big deal.)이라고 표현한다.

상대방에게 사과하거나 미안함을 전하고자 할 경우에는 I am sorry.를 즐겨 사용하며, 실례하고자 할 경우에는 어김없이 서두에 Excuse me.를 덧붙여 준다. 물론 직접적으로 용서를 구할 경우에는 Pardon me.나 Forgive me.라는 표현을 사용하면 된다.

용서를 구할 때
- I'm terribly sorry. 정말 죄송합니다.
- I made a mistake. 제가 실수했습니다.
- It was my fault. 제 잘못이었어요.

사과를 할 때
- I beg your pardon. 저를 용서해 주세요.   * Pardon me.
- Please forgive my rudeness. 저의 무례함을 용서해 주세요.
- Will you accept my apology? 제 사과를 받아 주실래요?

Unit 3 명절이나 기념일에 인사를 건넬 때

특정인에게 해당되는 결혼(wedding), 약혼(engagement), 출산(birth), 승진(promotion), 시험 합격(examination), 입학(admission), 졸업(graduation) 등을 축하할 때는 〈Congratulations on your ~!〉라는 패턴 문형을 활용한다.
하지만 모든 사람에게 해당되는 새해나 명절, 행사를 축하할 때는 Congratulations!를 쓰지 않는다.

A: **Merry Christmas!**
B: **Same to you.**

A: 메리 크리스마스!
B: 너도!

A: **Happy Thanksgiving (Day)!**
B: **You, too.**

A: 행복한 추수감사절이 되시길 바래요!
B: 당신도요!

Usage
우리가 흔히 생일을 축하하는 표현으로 Happy birthday (to you)!를 사용하는데 그 밖에도 다음과 같이 '기원'을 해주는 표현들도 익혀 두도록 하자.

- 건강과 안녕: Here's to you! / To your future! / Here's to your health!
- 건배: Cheers! / Bottoms up! / Let's toast.
- 신년과 크리스마스: Happy New Year! / Merry Christmas!
- 결혼기념일: Happy anniversary!

☆ 메리 크리스마스!

　　메리　　　　크리스마스
Merry Christmas!

☆ 멋진 크리스마스가 되길 바랍니다!

　아이　윗슈어　　　메리　　　크리스마스
I wish you a Merry Christmas!

☆ 멋진 크리스마스를 보내시길 바래요!

　해버　　메리　　　크리스마스
Have a Merry Christmas!

☆ 새해 복 많이 받으세요!

　해피　　뉴　　이여
Happy New Year!

☆ 당신도 새해 복 많이 받으세요!

　해피　　뉴　　이여　투　유
Happy New Year to you!

☆ 좋은 새해가 되기를 바랄게요!

　아이　윗슈어　　해피　뉴　이여
I wish you a Happy New Year!

☆ 발렌타인데이를 축하합니다!

<small>해피　　　밸런타인즈　　　데이</small>
Happy Valentine's Day!

☆ 즐거운 부활절이 되길 바래요!

<small>해피　　　이스터　　　(데이)</small>
Happy Easter (Day)!

☆ 즐거운 추수감사절이 되길 바래요!

<small>해피　　　땡스기빙　　　(데이)</small>
Happy Thanksgiving (Day)!

☆ 행운을 빕니다.

<small>굿럭</small>
Good luck!

= Best wishes!

- wish 바라다
- merry 즐거운
- Christmas 크리스마스
- New Year 신년
- Valentine's Day 발렌타인 데이
- Easter (Day) 부활절
- Thanksgiving (Day) 추수감사절
- luck 운, 행운

CHECK·POINT 회 화 를 위 한 영 문 법

1. I wish you ~

'당신의 ~을 기원하고 있어요'라는 뉘앙스이다.

2. Have a ~!

'~을(를) 보내세요!, ~을(를) 누리세요!'라는 의미의 표현이다.

예 Have a nice weekend! 좋은 주말 되세요!

3. Happy New Year to you!

Happy New Year!에 대한 답변으로 사용하는 표현으로써 직역하면 "당신에게 좋은 해가 되기를!"이 된다. 짧게 Same to you! 또는 You, too.라고 해도 된다.

일상생활을 하다 보면 서로에게 축하의 마음을 전하고자 할 때 사용할 수 있는 표현으로 〈Congratulations on your ~!〉이라는 패턴 문형이 널리 활용된다.

- Congratulations on your passing the exam. ＊시험 합격
- Congratulations on your graduation. ＊졸업
- Congratulations on your admission. ＊입학
- Congratulations on your wedding. ＊결혼
- Congratulations on your promotion. ＊승진

Unit 4 축하의 인사를 건넬 때

결혼, 승진, 졸업 등 구체적인 축하 사유는 Congratulations on ~ 뒤에 놓으면 된다. 그리고 개인적인 축하 인사를 받으면 꼭 답례의 표현을 하길 바란다. Thank you. / I don't know how to thank you enough. / How sweet of you! / How thoughtful of you! 등과 같이 감사의 인사 표현을 할 수 있다.

  실 전 에 활 용 하 는 다 이 얼 로 그

A: Happy anniversary!
B: It's our fifth anniversary.

A: 결혼기념일 축하해요!
B: 우리 다섯 번째 기념일이네.

A: Here's your birthday gift.
B: Oh! I love it!

A: 당신 생일 선물이에요.
B: 정말 멋져요.

Usage

선물이나 칭찬을 받으면 이에 상응하는 인사 표현을 아끼지 않도록 하자. 우리가 일상적으로 활용하는 Beautiful! / Wonderful! / Great! / Fantastic! / Excellent! 따위의 표현 말고도 다양한 표현을 알아두면 중요한 순간 유용하게 활용할 수 있다.

- 감탄할 때: Wow! / Oh, my God! / Splendid!
- 음식을 칭찬할 때: Good! / Delicious! / Good tasty!
- 선물에 감동할 때: How lovely! / How nice! / That's great!
- 풍경에 감탄할 때: What a great view! / What a splendid view!
- 사람을 칭찬할 때: Good boy[girl]! / Good job! / That's good[great]!

BASIC EXPRESSIONS 영 어 로 말 해 봐 !

☆ 건배!
　　　　치어즈
　　Cheers!

☆ 축하합니다!
　　　　컨글래츄레이션스
　　Congratulations!

☆ 신년을 축하합니다!
　　히어즈　투　더　뉴이여
　　Here's to the New Year!

☆ 생일을 축하합니다!
　　해피　　버스데이
　　Happy birthday!

☆ 자, 생일 선물이에요.
　　히어즈　유어　버스데이　깁프트
　　Here's your birthday gift.
　　＊ This is for you. 이건 당신 선물이에요.

☆ 결혼기념일 축하해요.
　　해피　　애너버써리
　　Happy anniversary!

☆ 결혼을 축하합니다.

컨글래츄레이션스   온   유어   매리지
Congratulations on your marriage!

☆ 아기의 탄생을 축하해요.

컨글래츄레이션스   온   더   버쓰   유어   베이비
Congratulations on the birth of your baby.

☆ 시험 합격을 축하해요.

컨글래츄레이션스   온   유어   썩쎄스   인   디   이그젬스
Congratulations on your success in the exams.

☆ 취직이 되어 정말 기쁩니다!

잇츠   그레잇   댓   유브   파운더   잡
It's great that you've found a job.

WORDS

- birthday 생일
- anniversary 기념일
- marriage 결혼
- birth 탄생
- baby 아기
- success 성공
- exam 시험
- great 멋진, 대단한
- found find(찾다)의 과거형
- job 일, 업무

 **CHECK-POINT** 회 화 를 위 한 영 문 법

1. Here's to ~

건배할 때, '~을 위해 건배!'라는 의미의 패턴이다.
예 Here's to you! 당신을 위해 건배!
　　To your health! 당신의 건강을 위해 건배!

2. anniversary

여러 가지 종류의 기념일을 의미하는데 단지, '결혼기념일'만을 의미하지는 않는다.

3. Congratulations on ~!

'~를 축하합니다.'라는 패턴이다. 〈Congratulations on ~!〉 뒤에 구체적인 축하 사유가 뒤따른다.

cheer는 '갈채' 혹은 '기쁨'이라는 뜻이며, 복수형 Cheers!는 '건배!'라는 표현이다. 그런데 영국에선 Thank you.나 Good bye.라는 뜻으로도 흔히 사용된다. 건배할 때는 Toast! 등 다음과 같은 표현들도 유사하게 사용된다.

· Bottoms up!
· Drinks up!
· Here's to you!
· Let's make a toast!
· Let's drink to your success[health].

Unit 5 부당함에 항의할 때

부당한 대우를 받았을 때 곧장 불만을 말하는 게 아니라 Wait a minute! / Hold on!(잠깐!)하고 주의를 끈 다음 항의를 한다. It's wrong to ~ (~하는 것은 좋지 않아요.) 정도의 표현이면 무난하다. 또 불만을 표출하는 것은 appeal(항소, 애원)이 아니라 complain이라고 해야 옳다.

CONVERSATION 실전에 활용하는 다이얼로그

A: Do something!
B: Nope!

A: 어떻게 좀 뭐라도 해봐요!
B: 싫어요!

A: What do you think about it?
B: It's not fair.

A: 그것에 대해 어떻게 생각하세요?
B: 좀 불공평해요.

Usage

상대방의 의견이나 견해에 대한 자신의 궁금증을 해소하고자 할 때, 또 뜻밖의 말을 꺼낼 때에도 활용된다. 단순히 견해를 묻는 경우에는 What do you think? / What do you think about it?(어떻게 생각해요?) / What do you think of this one?이라고 표현하면 된다.

♣ What do you think ~?(~에 대해 어떻게 생각하십니까?)
 · What do you think of Korean people? 한국 사람들에 대해 어떻게 생각해요?

♣ Who do you think ~?(~이 누구라고 생각하십니까?)
 · Who do you think will win? 누가 이길 것 같아요?

 **BASIC EXPRESSIONS** 영 어 로 말 해 봐 !

☆ 그건 불공평해요.
  잇츠 낫 페어
  It's not fair.

☆ 농담 아니야. / 농담하지 마!
  노 키딩
  No kidding!

☆ 농담은 그만해.(농담일랑은 그만둬!)
  스탑 죠킹
  Stop joking!

☆ 어떻게 좀 해봐!(뭐라도 조치 좀 취해봐!)
  두 썸씽
  Do something!

☆ 진절머리가 나요.
  아임 씨코빗
  I'm sick of it.

☆ 왜 하필 나야?
  와이 미
  Why me?

☆ 믿을 수 없어요.(납득할 수 없어요.)

아이 캔- 바이 댓
I can't buy that.

☆ 이의 있어요!

어브젝션
Objection!

☆ 싫어!(아니에요!)

놉
Nope!

☆ 참을 수가 없어요.

아이 캔- 스태닛[스탠딧]
I can't stand it.

WORDS

- fair 공평한
- kid 농담하다
- stop 그만두다
- joke 농담하다; 농담
- something 뭔가
- sick 넌더리가 나는
- buy 믿다, 납득하다
- objection 이의, 반대
- stand 참다

CHECK-POINT 회 화 를 위 한 영 문 법

1. I'm sick of it.

상대방의 어떤 행동이나 행위에 대하여 "진절머리가 나요."라는 표현이다.

2. I can't buy that.

이 경우 buy는 '믿다, 납득하다, 이해하다'의 뜻으로 사용된 표현이다.

3. Nope!

No.를 강조하는 어투로써 구어체에 사용되는 표현이다.

kid는 명사로 '아이, 청소년'을 의미하지만 동사로는 '농담하다'라는 뜻을 지니고 있다. No kidding!은 I'm not kidding.(농담 아니야!)과 같은 표현으로, 무엇이 사실임을 강조하거나 남이 방금 한 말에 대하여 장난이 아님을 경고할 때 사용하는 표현으로써 "농담 아니야. / 농담하지 마!"라는 뜻으로 사용된다. 그러나 믿기지 않거나 놀랐을 때 "정말? / 설마? / 농담이지?"라는 뜻으로 맞받아치는 표현으로도 사용된다. 대체할 수 있는 유사 표현도 익혀 두자.
- You're kidding[joking]!
- That can't be!

Unit 6 오해가 생겼을 때

상대가 자신의 말을 오해하고 있을 때는 오해를 풀어줘야 한다. That's not what I mean.(그건 그런 뜻이 아닙니다.) / I don't mean that.(제 말은 그게 아닙니다.) / What I'm saying is that ~.(제 말은 말이죠. …입니다.)이라고 해명한다. 그리고 다시 설명할 경우에는 Do you follow me so far?(여기까지는 이해하셨나요?)라고 확인해야 한다. 대화 도중에 상대방이 오해했을 때에는 You misunderstood. / That's misunderstanding.이라고 항변하면 된다.

CONVERSATION 실 전 에 활 용 하 는 다 이 얼 로 그

A: Why did you say that?
B: I didn't mean that.

A: 왜 그런 말을 했죠?
B: 그럴 의도는 없었어요.

A: Why did you do that?
B: Don't get me wrong.

A: 왜 그런 짓을 했어요?
B: 저를 오해하지 마세요.

Usage

사과와 용서를 구할 때 〈I didn't mean ~〉의 패턴이 널리 활용되는데, 고의적이지 않음을 나타내는 표현이다. I didn't mean ~ 뒤에는 명사가 와야 하며, I didn't mean to ~ 뒤에는 동사가 와야 한다.

- I really didn't mean it.
- I don't mean it like that.
- I didn't do that on purpose.
- I had no intention to do that.
- I didn't mean to tell a lie.

☆ 오해하지 마세요.

Don't misunderstand.

☆ 내가 한 말을 오해하지 마세요.

Don't misunderstand what I said.

☆ 당신이 오해한 거예요.

You got it wrong.

* You've got that wrong. / You misunderstood that.으로 대체해도 무방하다.

☆ 제 말을 오해하지 마세요.

Don't get me wrong.

☆ 속단하지 마세요.

Don't jump to conclusions.

☆ 당신이 내 말을 잘못 들은 거예요.

You heard me wrong.

☆ 그럴 생각은 아니었어요.
아이 디든 민 투
I didn't mean to.

☆ 저는 그런 의도가 없었어요.
아이 디든 미닛
I didn't mean it.

＊ 그럴 의도는 없었어요. / 고의가 아닙니다.

☆ 그런 뜻으로 말한 건 아닙니다.
아이 디든 민 댓
I didn't mean that.

☆ 제발 이해해 주세요.
플리즈 언더스탠드 잇
Please understand it.

☆ 제가 설명해 드릴게요.
렛 미 익스플레인
Let me explain.

- misunderstand 오해하다
- wrong 틀린
- get ~ wrong ~을 오해하다
- jump 건너뛰다
- conclusion 결론
- heard hear(듣다)의 과거형
- understand 이해하다
- explain 설명하다
- Let me ~ 내게 ~시키다(내가 ~하게 하다)

 **CHECK-POINT** 회　화　를　위　한　영　문　법

1. got it wrong

숙어 get it wrong(잘못 받아들이다, 오해하다)을 활용하면 Don't take it the wrong way. (오해하지는 마세요.)라는 표현도 가능하다.

2. jump to conclusions

직역하면 "결론으로 껑충 뛰다."이므로 '속단하다'라는 뜻으로 쓰인다. conclusion은 '결론'이다.

예 Don't jump to conclusions. Hear me out. 속단하지 말고, 내 말 좀 들어봐.
= Don't be so quick to judge.

3. I didn't mean that.

mean은 '~라는 의미로 / ~의 생각으로(의도로)'라는 뉘앙스를 포함하고 있다.

원래는 〈(You) let + me + 동사 + 목적어(대상)〉이라는 문장이었는데 언어적인 습관에 의하여 〈Let me ~.(제가 ~할게요.)〉라는 패턴 문형으로 축약하여 사용하게 되었다. Let me의 문법적인 의미는 Allow me to ~라고 이해하면 쉽다.

- Please give me a chance to explain. 제게 설명할 기회를 주세요.
- Let me explain one more time. 제가 한번 더 설명해 드릴게요.
- Let me explain why I say that. 제가 왜 그렇게 말하는지 설명해 드릴게요.
- Let me explain what I mean. 제 말의 의미(의도)를 설명할게요.

Unit 7 방해를 받을 때

방해하는 것에도 여러 가지 유형이 있다. interrupt는 말을 하는데 끼어들어서 방해하는 것이고, block the way는 길을 가로막아 다니지 못하게 하는 것인데 get in the way라고 말해도 된다. 시끄럽게 해서 방해하는 것은 disturb이고, 시야를 가리는 것은 obstruct the view라고 한다.

 CONVERSATION 실 전 에 활 용 하 는 다 이 얼 로 그

A: You are blocking the way.
B: Oh, sorry.

A: 거치적거려요.
B: 앗, 미안해요.

A: Give it back.
B: Wait until I'm done.

A: 그걸 돌려주세요.
B: 그럼, 끝날 때까지 기다려.

Usage

'(물건 따위를) 되돌려주다'라는 표현은 give it back이라는 표현을 사용하며, '(돈 따위를) 되갚다'라는 표현은 pay one's back이라는 표현을 사용한다. 가령, Oh, take it back.이라는 표현은 "아, 그거 취소해주세요."라는 표현이다.

♣ 물건을 빌릴 때

- Lend me this, and I'll give it back tomorrow. 이거 좀 빌려줘. 내일 돌려줄게.
  * Let me borrow this, and I'll return it tomorrow.

♣ 돈을 빌릴 때

- I'll pay you back tomorrow. Trust me. 내일 갚을게. 정말이야.

BASIC EXPRESSIONS 영　어　로　말　해　봐　!

☆ 방해하지 마세요.

돈　　　　인터럽트
Don't interrupt.

= Don't bother me. 저 좀 괴롭히지 마세요. / 저 좀 귀찮게 하지 마세요.

☆ 거치적거려요. / 길을 막고 있어요.

유아　　블라킹　　더　　웨이
You are blocking the way.

☆ 좀 비켜 주세요.

스텝　　어싸이드
Step aside.

☆ 좀 지나가게 해 주세요.

렛　미　겟　바이
Let me get by.

☆ 그 쪽으로 좀 비켜 주세요.

스쿳　　오버
Scoot over.

* scoot는 동사로는 '서둘러 가다'라는 의미이며 scoot over는 '자리를 좁혀 앉다'라는 의미로 쓰인다. 명사로는 '스쿠터'라는 작은 오토바이나 자전거를 지칭함.

☆ 저쪽으로 가요. / 저쪽으로 비켜요.

무브　　오버　　　데어
Move over there.

* Go over there.와 같은 의미로 쓰인다.

☆ 지금은 안 돼요.

낫   나우
Not now.

☆ 나중에요.

레이터[레이러]
Later.

☆ 그것을 돌려주세요.

게릿   백
Give it back.

☆ 제가 끝날 때까지 기다리세요.

웨잇   언틸   아임   던
Wait until I'm done.

☆ 곧 끝납니다.

아일   비   던   쑨
I'll be done soon.

☆ 오래 걸리지는 않아요.

잇   더즌트   테익   롱
It doesn't take long.

WORDS

- interrupt 방해하다
- scoot over 자리를 좁혀 앉다
- give back 돌려주다
- wait 기다리다
- until ~까지
- soon 바로, 곧
- long 오래

 회　화　를　위　한　영　문　법

1. You are blocking the way.

직역하면 "당신이 길을 막고 있다."인데 You are in the way.와 같은 의미의 표현이다.

2. Step aside.

원래는 Could you step aside, please?(좀 비켜 주세요.)라는 표현이다. 대체 표현으로 Move out of the way. / Get out of the way.라고 해도 무방하다.

3. Let me get by.

"좀 지나가게 해주세요."라는 뉘앙스로써 Let me by. / Let me through.(좀 지나갈게요.)와 같은 표현이다.

Don't interrupt. / Don't bother me.(Stop bothering me.)에는 세 가지 의미가 내포되어 있다. "저 좀 내버려 두세요."라는 의미로, Just leave me alone. / Don't single me out. / Kindly leave me alone! 등의 표현으로 활용되며, 채팅에서는 약어로 LMA라고 사용된다.

😶 제발 방해 좀 하지 마세요!

· Please, do not just interrupt!　· Don't enter the picture.
· Don't disturb me.

😶 귀찮게 좀 하지 마세요.

· Don't put me to trouble, please.　· Don't mess with me.
· Don't get in my hair.

Unit 8 믿기 어려울 때

깜짝 놀랐을 때 흔히 Oh, my God!이라고 하는데, God이 종교적인 느낌이 있기 때문에 발음이 변형되어 사용된다. 예컨대 Gosh!(제기랄), Gee!(Jesus의 변형), Gad! 특히 여성들은 My goodness!라고 귀여운 표현을 쓰기도 하는데 여기서 goodness 역시 God이 변형된 단어이다.

CONVERSATION 실전에 활용하는 다이얼로그

A: Gura is going to marry Pani.
B: Don't tell me.

A: 구라가 파니와 결혼한대요.
B: 설마…!

A: I've got a car.
B: Are you serious?

A: 나 차 샀어요.
B: 진짜야?

Usage
"맙소사!"라는 Oh, my God!을 직역하면 "오, 하느님!"인데 이 표현은 기뻐서 놀랄 때도 사용된다.
그 밖에도 Oh, no! / Oh, dear! / Lord, me! / Oh, my gosh! / Good gracious! / Good heavens!, / Gracious Heaven[goodness]! / Save us! / My eye(s)! 등의 표현도 널리 사용된다.

 **BASIC EXPRESSIONS** 영 어 로 말 해 봐 !

☆ 믿을 수 없어요!

　　　언블리버블
Unbelievable!

☆ 말도 안 돼요!

　　　임파써블
Impossible.

☆ 설마! / 그럴 리가요!

　돈　　텔　　미
Don't tell me.

☆ 믿을 수가 없어요! / 도대체 어떻게 이런 일이 가능한가요!

　　오　　마이　　갓
Oh, my God!

☆ 그럴 리가 없어요.

　잇　캔－　비　　(트루)
It can't be (true).

☆ 정말인가요?

　리얼리
Really?

☆ 확실합니까?

아 유 슈어

Are you sure?

☆ 진심입니까?

아 유 씨리어스

Are you serious?

☆ 말도 안 돼요.

노 웨이

No way.

☆ 충격이군요.

아임 샤크트

I'm shocked.

☆ 엄청난 충격이군요.

어 그레잇 샥

A great shock.

- unbelievable 믿기 어려운
- impossible 있을 수 없는, 불가능한
- tell 말하다
- God 하느님
- really 정말로
- sure 확실한
- shock 충격을 주다; 충격
- great 큰, 엄청난

 **CHECK-POINT** 회　화　를　위　한　영　문　법

1. Don't tell me.

"설마!" "그럴 리가!"라고 할 때 사용하는 표현이다. 유사한 관용 표현으로 That'll be the day. / Break it down! / That can't be right. 따위가 활용된다.

2. Are you serious?

직역하면 "진심이니?"인데 "농담이지?(You're kidding? / You must be kidding. / You're pulling my leg.)"라는 뉘앙스가 내포되어 있다.

3. No way.

"말도 안 돼."라는 뉘앙스의 표현이다. 일어날 수 없는 일이 발생했을 때 사용하며 거절할 경우에도 사용된다.

이 표현은 어떤 사실에 대하여 부정하는 것이므로 That can't be true. / I can't believe it. 라는 뜻이 내포되어 있다. "그럴 리 없어!"라고 강하게 부정할 때의 Not Bloody Likely! 표현은 채팅 약어로 NBL로 표기한다. 관용적으로 Like fuck! / Break it down! 이라고도 말한다.

- Not on your life! 어림없는 소리!
- I'll be shot[damned] if it is true. 〈강한 부정이나 부인〉
  절대 그럴 리가 없어요.

Unit 9 놀랐을 때

감정 표현에 소극적인 동양인들과 달리 영미인들은 감정 표현이 풍부하다. 놀라거나 고마워할 때도 눈을 크게 뜨고 호들갑을 떠는 것처럼 크게 반응한다. 감정 표현뿐만 아니라 그냥 평범한 대화에서도 영어는 발음 자체가 동양어권보다 입을 크게 벌려 발음한다. 영어를 잘 하려면 이러한 차이도 알고 있어야 한다.

A: Were you surprised?
B: You scared me.

A: 놀랐나요?
B: 깜짝 놀랐잖아요.

A: Boo!
B: Don't surprise me!

A: 왁!
B: 놀라게 하지 마라!

Usage

어떤 원인에 의해 놀랄 경우에 사용하는 표현으로 "놀랐어요."(I was astonished. / I'm surprised. / I got frightened!)라는 뉘앙스가 내포된 표현이다.

구체적인 소식을 듣고 놀랐을 경우에는 I'm surprised at the news. / The news bowled me over.라는 표현을 사용한다.

관용적으로 I'm really flabbergasted.라는 표현도 사용된다.

 BASIC EXPRESSIONS 영　어　로　말　해　봐　!

☆ 놀라게 좀 하지 마세요!

돈　　서프라이즈　　미
Don't surprise me!

☆ 놀랐잖아요.

유　　서프라이즈드　　미
You surprised me.

☆ 깜짝 놀랐잖아요.

유　　스케어드　　미
You scared me.

☆ 너무 끔찍하군요!

테러블
Terrible!

= Awful!

☆ 깜짝 놀랐어요!

와러　　서프라이즈
What a surprise!

☆ 당신은 놀랐나요?

워　유　　서프라이즈(드)
Were you surprised?

☆ 믿을 수가 없군요!
(댓츠) 언블리버블
(That's) Unbelievable!

☆ 저는 놀랐습니다.
아임 서프라이즈드
I'm surprised!

☆ 그 소식에 깜짝 놀랐어요.
아이 워즈 서프라이즈드 앳 더 뉴스
I was surprised at the news.

- **surprise** 놀라게 하다, 놀라다
- **scared** scare (겁주다, 놀라게 하다)의 과거형
- **terrible** 너무한, 끔찍한
- **unbelievable** 믿기지 않는, 믿을 수 없는

 회 화 를 위 한 영 문 법

1. You surprised me.

직역하면 "당신은 나를 놀라게 했다."라는 뜻으로 You scared me.나 What a surprise! 와 같은 표현이다.

2. You scared me.

직역하면 "당신은 나를 두렵게 했다."라는 뜻으로 You frightened!처럼 표현해도 무방하다.

3. (That's) Unbelievable!

도저히 믿을 수가 없을 때 Incredible! / I can't believe it! / No way! 등도 같은 뜻으로 사용할 수 있다.

상대방에 관한 기쁜 소식 또는 나쁜 소식을 듣고 놀랐을 때 일반적으로 You surprised me. / What a surprise!라는 표현이 주로 쓰이는데 관용적으로 다음과 같은 표현도 널리 활용된다. 깜짝 놀람을 표현하는 말로 Oh my! / Oh, shocks! / Gosh, goodness[gracious]! / What a surprise! 따위가 활용된다.

- You freaked me out.
- You startled me!

Unit 10 실망하거나 후회할 때

서양에서는 기분이나 감정이 우울한 날을 지칭하는 표현으로 blue day, gloomy day, dull day라고 표현하곤 한다. '운이 나쁘다'는 표현은 Today is not my day. / What rotten luck! / No such luck! 등의 표현이 있다.

여기에서는 out of luck(운이 나쁘다, 운이 없다)이란 표현도 나오는데, 이것을 응용한 out of time(시간이 없다), out of options(선택의 여지가 없다) 등과 같은 표현도 알아두자.

 **CONVERSATION** 실 전 에 활 용 하 는 다 이 얼 로 그

A: I'm in trouble.
B: What's your problem?

A: 저는 난처하군요.
B: 무슨 문제인데요?

A: I'm out of luck.
B: Don't be depressed.

A: 난 운이 없어요.
B: 낙담하지 마세요.

Usage

상대가 실망스러움을 토로할 때 곁에서 That's too bad. / I'm sorry to hear that. / Poor thing!(그것 참 안됐군요.)라고 위로의 말을 건네주면 마음이 한결 가벼워 질 것이다.

또한 '실망'하거나 '낙담'하지 말라고 용기를 주면 훨씬 더 친밀한 관계를 형성할 수 있을 것이다.

- Don't be too discouraged.
- Don't be so disappointed.
- Don't get down on yourself.

 **BASIC EXPRESSIONS** 영 어 로 말 해 봐 !

☆ 난 운이 없어요.

아임   아우롭   럭
I'm out of luck.

＊ I was out of luck. 저는 재수가 없었어요. / 저는 운이 나빴어요.

☆ 우린 운이 없어요.

위   해브   노   럭
We have no luck.

☆ 당신은 운이 없네요.

유어   아우롭   럭
You're out of luck.

☆ 전 우울합니다.

아이   필   다운
I feel down.

☆ 실망스럽군요.

아임   디스어포인티드
I'm disappointed.

☆ 곤란합니다. / 난처하군요.

아임   인   추러블[트러블]
I'm in trouble.

☆ 이건 절망적이네요.
This is hopeless.

☆ 멍청한 짓을 했군요.
I acted like a fool.

☆ 그때 해두었더라면 좋았을 텐데….
I should have done it then.

☆ 그걸 하지 말았더라면 좋았을 걸…
I shouldn't have done it.

☆ 그 말을 안 했더라면 좋았을 걸…
I shouldn't have said it.

- luck 행운
- feel 느끼다
- down 낙담한
- disappointed 실망한
- hopeless 절망적인
- then 그때
- said 말했다 *say(말하다)의 과거분사

CHECK-POINT 회　화　를　위　한　영　문　법

1. out of luck

숙어 행운에서 벗어났으므로 '운이 나쁘다'라는 의미이다.

2. I acted like a fool.

직역하면 "나는 바보처럼 행동했다."이므로 멍청이와 같은 짓을 한 것을 후회하는 뉘앙스가 담겨 있다.

3. should have done

〈should have + 동사의 과거분사〉로 '~했더라면 좋았다, ~했어야 했다'는 아쉬움이나 후회의 감정을 드러내는 표현이다.

4. shouldn't have done

〈shouldn't have + 동사의 과거분사〉로 '~하지 않았더라면 좋았다, ~하지 말았어야 했다'는 부정적인 의미를 담고 있다.

'후회'의 감정을 강하게 드러낼 경우에는 〈should have + p.p.(과거분사)〉의 패턴 문형을 활용하는데, '실망'했을 경우에는 "어쩜 그럴 수가 있어요!"라는 의미로 다음과 같이 감탄문으로 표현할 수 있다.

- What a disappointment!
- What a pity!
- What a shame!

Unit 11 절망적일 때

자기 기분을 표현할 때는 I feel ~ 문형을 이용하여 I feel miserable. / I feel hopeless. 처럼 활용하면 편리하다. '비참한 생활을 하다'라는 표현은 lead a dog's life라고 한다. 상징적인 표현으로는 be at the crossroads(기로에 서 있다, 위기를 맞이하다)를 이용할 수도 있다.

영어로 '(마음을) 상심하다'라는 표현은 broken을 쓰며, '(마음이) 무겁다'라는 표현은 heavy라는 형용사를 사용한다.

CONVERSATION 실 전 에 활 용 하 는 다 이 얼 로 그

A: It's all over.

B: You still have a chance!

A: 다 끝났어요.
B: 아직 기회가 있어요.

A: I can't help it.

B: Don't give up.

A: 어쩔 수 없어요.
B: 포기하지 마세요.

Usage

낙담한 사람에게 용기를 북돋워주는 말로는 Do your best. / Don't give up.라는 표현 외에도 Cheer up! / Come on! / Way to go! / You can do it! 따위의 표현이 널리 활용된다. 그 밖에도 다음과 같은 관용적인 표현도 쓰인다.

- Hang in there!
- Go for it!
- Keep it up!
- Try again.

BASIC EXPRESSIONS 영 어 로 말 해 봐 !

☆ 절망적이군요.

잇츠　　　　호플리스
It's hopeless.

☆ 불가능해요. / 믿을 수가 없어요.

잇츠　　　　임파써블
It's impossible.

= It's impossible. I don't believe it.

☆ 어쩔 수 없군요.

아이　캔-　　헬핏
I can't help it.

☆ 어쩔 수 없었어요.

아이　　쿠든　　　헬핏
I couldn't help it.

☆ 다른 방법이 없어요.

아이　해브　노　아더　쵸이스
I have no other choice.

= There is no viable alternative. 뾰족한 대안이 없군요.

☆ 포기할래요.

아이　　기법
I give up.

☆ 다 끝났어요.
잇츠 올 오버
It's all over.

☆ 그럴 운명이었어요.
잇 워즈 페잇
It was fate.

☆ 그게 내 운명이야.
잇츠 마이 데스터니
It's my destiny.

☆ 이미 지난 일이야.
잇츠 히스토리
It's history.

☆ 과거의 일일 뿐이야.
잇츠 인 더 패스트
It's in the past.

WORDS

- hopeless 절망적인
- impossible 불가능한
- help 돕다
- other 다른
- choice 선택사항
- give up 포기하다
- fate 운명
- destiny 운명
- history 과거의 일
- past 과거

 회화를 위한 영문법

1. I can't help it.

직역하면 "나는 그것을 도울 수 없다."이므로 '어찌할 도리가 없다.(It can't be helped.)'라는 의미이다.

2. I have no other choice.

직역하면 "다른 선택사항이 없다."이다. other는 '다른', choice는 '선택사항'으로 '내가 할 수 있는 일이 아무것도 없다.'는 뉘앙스로 쓰인다.

3. It's all over.

⟨It's over.⟩ 문형으로 '끝났다'는 의미의 표현인데 자포자기의 심정을 피력하는 어투이다.

어떤 일의 결과에 대하여 '실망'하거나 '낙담'하는 경우에 It's really desperate.(정말 실망했어요.)라는 표현을 사용하며, 어떤 결과에 대한 실망의 표현은 I'm broken-hearted. / I was disappointed with the result.라고 하면 된다.

- My heart is heavy.
- My heart is broken.

Unit 12 피곤할 때

서양인들은 피곤한 것을 사물에 빗대어 표현하기도 하는데 '완전녹초가 되다'라는 표현을 knockout, knock down, worn-out이라는 말로 나타낸다.

"지쳤다, 피곤하다"는 표현은 아래 보이는 것 외에도 I'm worn-out. / I'm run down. / I'm really stressed out. 등의 표현이 있다. 그리고 지쳤다는 것을 강조하려면 dead tired라고도 하지만 구어체로는 dog-tired라는 표현도 있다.

CONVERSATION 실전에 활용하는 다이얼로그

A: I'm dead tired.
B: The bath is ready.

A: 너무 피곤해서 죽을 것 같아요.
B: 목욕물 받아 놨어요.

A: I'm dying...
B: Come on!

A: 죽을 것만 같아요.
B: 이봐, 힘내세요!

Usage

⟨I'm dying to ~(~하고 싶어 열망하다)⟩라는 패턴 문형으로써 I'm dying.은 "죽을 지경입니다. / 죽을 맛입니다."라는 어투로 사용된다. I'm dying to see her.(그녀가 보고 싶어 죽겠어요.)에서 dying to는 '~하고 싶어 안달하다, ~를 열망하다'라는 뜻으로 쓰인다.

- I'm dying to do a movie with you. 너하고 같이 영화보고 싶어 죽겠어요.
- I'm dying to do a bit of work. 일하고 싶을 죽을 맛입니다.
- I'm dying to travel around all over the world. 세계일주하고 싶어 미치겠어요.

BASIC EXPRESSIONS 영 어 로 말 해 봐 !

☆ 피곤해요.

아임   타이어드
I'm tired.

☆ 너무 피곤해요.

아임   쏘   타이어드
I'm so tired.

☆ 죽을 것만 같아요.

아임   데드   비트
I'm dead beat.

> ※ 너무 피곤할 때 사용하는 표현으로 I'm tired to death. / I am all run down.이란 표현과 유사한 표현이다.

☆ 완전 녹초예요.

아임   익죠스티드
I'm exhausted.

☆ 죽을 지경입니다.

아임   다잉
I'm dying...

☆ 피곤해 죽을 맛입니다.

아임   다잉   옵   퍼티그
I'm dying of fatigue.

> = I'm dying with hunger. 배고파 죽을 지경입니다.

☆ 완전녹초가 되었어요.
아임   워나웃
I'm worn-out.

☆ 기운이 없어요.
아이 필   덜
I feel dull.

☆ 죽을 만큼 피곤해요.
아임   타이어드 투   데쓰
I'm tired to death.

☆ 몸이 완전히 지치는군요!
아임 올 런   다운
I'm all run down.

- tired 피곤한
- so 아주
- exhausted 기진맥진한, 녹초가 된
- dying 곧 죽을 것 같은
- fatigue 피로
- feel ~라고 느끼다
- dull 몸이 찌뿌드한

 회 화 를 위 한 영 문 법

1. I'm dead beat.

회화체로 '굉장히 피곤하다'는 의미이다. dead는 형용사로 '죽은', 명사로는 '죽음, 사망'을 나타낸다.

2. I'm dying...

"죽을 지경입니다. / 죽을 맛입니다."라는 뉘앙스를 담은 표현으로 dying은 die(죽다)의 현재분사로 쓰였으며, '죽어가는, 죽을 지경의'라는 뜻을 지니고 있다.

3. I feel dull.

dull은 boring(따분한, 재미없는), blunt(무딘) 등의 뜻을 지닌 형용사로 "기운이 없어요.(I'm in low spirits.)"라는 의미로 쓰였다.

상대방에게 형식적으로 말을 건네는 표현으로는 What's up? / What's wrong? / What's the matter? / What's the problem? 등의 표현이 있으며 Are you OK? / Are you all right?라는 표현도 쓰인다. 상대가 피곤하고 지쳐 보일 때는 다음과 같은 표현을 활용할 수 있다.

· You look exhausted.
· You look tired.
· You look worn-out.

Unit 13 따분하거나 지루할 때

강의를 듣거나 TV를 보고 있을 때 사람의 집중력(concentration)은 보통 15분 정도밖에 유지되지 않는다고 한다. 그래서 일본에서는 TV 프로그램 도중 15분마다 광고(commercial 이라고 함. CF는 콩글리시)를 내보낸다. 그러므로 공부할 때도 지루해지지 않도록 20~30분에 한 번씩 휴식(break)을 갖는 것이 필요하다.

A: I'm bored to death.
B: Clean your room!

A: 정말 지겨워 죽겠다.
B: 방 청소나 해라!

A: How was the game?
B: It was boring.

A: 시합은 어땠어요?
B: 지루했어요.

Usage

〈How is/was ~?(~는 어떠세요?)〉라는 패턴 문형은 구어체에서 활용되는 표현으로써 〈How's + 명사 ~?〉에서 명사에는 사람 혹은 사물을 넣어 상대방의 안부나 상황을 체크하게 된다.

- 안부체크: How's your family?
- 상황체크: How's everything (going)?
- 진행체크: How's business?
- 결과체크: How was your vacation?

 **BASIC EXPRESSIONS** 영 어 로 말 해 봐 !

★ 심심해요. / 지루해요.

아임 보어드
I'm bored.

★ 정말 지겨워 죽겠어요.

아임 보어드 투 데쓰
I'm bored to death.

★ 어쩜 이리도 따분하죠! / 너무 지겹군요!

와러 보어
What a bore!

★ 지루해요.

잇츠 투 덜
It's too dull.

= It's too blunt.

★ 따분해요. / 지루해요!

잇츠 보링
It's boring.

★ 지루하다고 그러던데요. / 재미없다고 들었어요.

아이 히어 잇츠 보링
I hear it's boring.

☆ 이것은 지루하군요.

This is boring.
디씨즈 보링

＊ That was boring.은 공연, 영화, 스포츠, 게임, 오락 등이 "그것은 지루했어요."라는 뉘앙스를 풍기는 표현이다.

☆ 이 TV 프로그램은 지루해요.

This TV program is boring.
디스 티비 프로그램 이즈 보링

☆ 이 축구 경기는 지루하군요.

This soccer game is boring.
디스 싸커 게임 이즈 보링

☆ 시간 낭비예요.

It's a waste of time.
잇쳐 웨이슷 옵 타임

☆ 무의미해요. / 의미 없어요.

It's not worth the trouble.
잇츠 낫 워쓰 더 추러블

= It's not worth ~(~할 가치가 없다)

ORDS

- bore 지겨운, 지겨움
- dull 지루한
- TV program TV 프로그램
- soccer game 축구 경기
- waste 낭비
- time 시간

CHECK-POINT 회화를 위한 영문법

1. bored to death

숙어 '죽을 정도로 지겹다'는 표현은 I'm fed up with ~ as much as dying.라고 표현할 수도 있다.

2. I hear it's boring.

직역하면 "지루하다고 들었다."는 뜻으로 타인에게 들은 정보임을 의미한다.

3. a waste of time.

숙어 a waste of time은 '시간 낭비'를 의미하며, a waste of money는 '돈 낭비'를 의미한다.

4. It's not worth the trouble.

직역하면 "수고를 할 가치가 없다."라는 의미이므로 "그럴 필요가 없어요."라는 관용 표현이다.

I'm bored.는 "따분하군요. / 지루하군요."라는 뜻으로 자신의 기분이나 상태를 나타내는 표현이며, That was boring.은 "그건 지겨웠어요."라는 뜻으로 어떤 구체적인 대상으로부터 지겨움을 느꼈음을 나타낸다. How boring! / How terrible! / What a bore!처럼 감탄문으로도 표현할 수 있다.

- I'm sick and tired of it!
- I'm bored out of my mind.
- I'm dying of boredom.
- Enough of that!

Unit 14 졸릴 때

봄에는 춘곤증(spring fever)으로 갑자기 졸음이 몰려오기도 하며, 운전자의 수면 부족(lack of sleep)이 수많은 사고의 원인이 되기도 한다. 졸음 운전(drowsy driving)은 위험하기 짝이 없는 일이다. 잠깐씩 토막잠(catnap)을 자두는 것이 현실적인 해결책 중 하나일 것이다. 수면은 인간에게 있어서 필수적인 생리 현상이지만 잠이 부족하다고 해서 수면제(sleeping pill, sleeping tablet, sleeping drug, sleeping medication)에 의존하지는 말아야 한다.

 CONVERSATION 실 전 에 활 용 하 는 다 이 얼 로 그

A: Time to go to school.
B: I'm still sleepy.
A: 학교 갈 시간이야.
B: 아직 졸려요.

A: I can't stay awake.
B: Don't sleep.
A: 졸려서 더 이상 못 참겠어요.
B: 자면 안 돼요!

Usage
〈It's time ~(~해야 할 시간이다.)〉라는 패턴 문형에서 뒤에 to부정사구(to 다음에는 동사원형)가 따라오기도 하며, 또한 '형용사절'이 오기도 한다.

♣ It's time + to부정사구 ~
- It's time to go to bed. 잠자러 갈 시간이다.
- It's time to get up. 일어날 시간이다.

♣ It's time + 형용사절 ~ ※형용사절에 동사의 과거형: 가정법 과거
- It's time we were leaving. 이제 헤어져야 할 시간이다.
- It's time you went to bed. 이미 자러 갈 시간이다.

BASIC EXPRESSIONS 영 어 로 말 해 봐!

☆ 졸려요.

아임　　슬리피
I'm sleepy.

☆ 아직 졸려요. / 계속 졸려요.

아임　스틸　슬리피
I'm still sleepy.

☆ 너무 졸려요.

아임　리얼리　슬리피
I'm really sleepy.

☆ 점점 잠이 와요. / 자꾸만 졸려요.

아임　게링　슬리피
I'm getting sleepy.

＊ I can't stay awake. 와 같은 의미이다.

☆ 금방 잘 것 같아요. / 곯아떨어질 것 같아요.

아임　니얼리　폴링　어슬립
I'm nearly falling asleep.

☆ 늦잠을 잤군요! / 너무 자버렸네요!

아이브　오버슬렙트
I've overslept!

☆ 일어나기 싫어요.

아이 돈 워너[원투] 게럽
I don't want to get up.

☆ 5분만 더 자고 싶어요.

아이 워너 슬립 어나더 파이브 미닛츠
I want to sleep another five minutes.

☆ 자명종 소리를 못 들었어요.

아이 디든 히어 디 얼람 클락
I didn't hear the alarm clock.

☆ 자명종 울렸나요?

디드 디 얼람 클락 링
Did the alarm clock ring?

- sleepy 졸린
- stay awake 안 자고 깨어 있다
- overslept 늦잠 잤다
  * oversleep(늦잠 자다)의 과거분사
- get up 일어나다(침대에서 나오다)
- want ~하고 싶다
- sleep 자다
- another 추가로 더
- five minutes 5분
- hear 듣다
- alarm clock 자명종 시계
- ring 울리다

CHECK-POINT 회 화 를 위 한 영 문 법

1. I'm getting sleepy.

⟨be getting ~⟩ 문형은 '점점 ~가 되다'라는 뜻으로 "잠 속으로 점점 빠져들다."라는 뉘앙스를 담고 있다.

2. I'm nearly falling asleep.

nearly로 '~할 것 같다'라는 뉘앙스인데 fall asleep은 '잠들다, 곯아떨어지다'라는 관용표현이다.

3. I've overslept!

oversleep은 '늦잠을 자다'라는 뜻으로 쓰인 동사이다. 형용사로 착각하지 않도록 주의해야 한다. 여기서는 현재완료형인 ⟨have + overslept(p.p.)⟩를 활용하여 '결과'를 나타내어 이미 늦잠을 잔 상황을 표현한 것이다.

'졸리다, 잠이 오다'라는 표현은 feel sleepy[drowsy], get sleepy[drowsy]라고 표현하는데, 엄마가 아이에게 Aren't you sleepy?(안 졸리니?)라고 물을 수도 있지만 It's time to go to bed. / It's time for bed.라고 표현해도 무방하다. 또한 아이가 스스로 I'm sleepy. / I want to fall asleep. / I'm gonna go to bed.라고 엄마에게 말할 수도 있을 것이다.

- I feel too sleepy. 너무 졸려요.
- I keep getting drowsy. 자꾸 졸려요.

Unit 15 흥미나 관심이 없을 때

상대방의 직업(occupation) 이외에도 관심사(interest)나 취미(hobby)를 알아두면 인간관계(human relations)를 맺는 데 여러모로 도움이 될 때가 많다. 서로에 대한 관심은 인간관계의 출발점이기 때문이다.
특정한 취미를 '몹시 좋아한다'고 할 때는 crazy about이나 mad about을 쓴다. 이를테면 I'm crazy about watching movies.(나는 영화광입니다.)라고 표현하면 된다.

 실 전 에 활 용 하 는 다 이 얼 로 그

A: Which one do you want?
B: Either (one) is OK.

A: 어느 쪽을 원해?
B: 어느 쪽이든 좋아.

A: Why don't we go shopping?
B: I don't feel like it.

A: 쇼핑 가지 않을래요?
B: 그럴 기분이 아니에요.

Usage

상대방의 제안에 대하여 다소 정중하게 거절하는 표현으로 〈I don't feel like ~(~할 기분이 아니에요.)〉라는 패턴 문형이 활용된다. feel like(~하고 싶다)라는 표현 뒤에는 주로 -ing형이 온다. 이를테면 I don't feel like doing anything tonight.(오늘밤 아무것도 하고 싶지 않다.)처럼 말하면 된다. "그럴 기분이 아니다."라는 의미의 표현들을 익혀두도록 하자.

- I don't feel like it.
- I'm not really up for it.
- I'm really not in the mood.
- I'm not ready for that.

BASIC EXPRESSIONS 영　어　로　말　해　봐　!

☆ 흥미 없어요.

　　아임　　낫　　인터레스티드
　I'm not interested.

☆ 그것에 흥미 없어요.

　　아이　필　노　　인터레슷　　이닛
　I feel no interest in it.

☆ 알 게 뭐야! / 나랑 무슨 상관이에요.

　　아이　돈　케어
　I don't care.

　　＊ 상관 없어요. / 관심 없어요. / 신경 안 써요.

☆ 좋으실 대로 해요. / 맘대로 하세요.

　　와래버　　　유　　　원트
　Whatever you want.

☆ 저하고는 상관없어요. / 저하고는 관련이 없어요.

　　잇　해즈　낫씽　투 두　윗　미
　It has nothing to do with me.

　　＊ 상대방과 관련이 없음을 지적할 경우에는 What does it matter to you?(너랑 무슨 상관이죠?)
　　　라고 말할 수 있다.

☆ 뭐든지 좋아요.

　　에니　원　이즈 오케이
　Any one is OK.

⭐ 무슨 색이든 좋아요.

에니 컬러 이즈 오케이
Any color is OK.

⭐ 어느 쪽이든 좋아요.

이더 원 이즈 오케이
Either (one) is OK.

⭐ 듣고 싶지 않아요.

아이 돈 원투 히어 잇
I don't want to hear it.

⭐ 그럴 기분이 아니에요.

아이 돈 필 라이킷
I don't feel like it.

- interested 흥미가 있는
- feel 느끼다
- want 원하다, ~을 하고 싶다
- any one 어떤 것, 무엇이든
- color 색
- either 어느 쪽이든
- hear 듣다
- feel like -ing ~하고 싶은 기분이다

 회 화 를 위 한 영 문 법

1. I don't care.

직역하면 "나는 신경 안 쓴다." 라는 뜻으로써 관심을 두거나 신경 쓰지 않겠다는 뉘앙스를 내포한 표현이다.

2. Whatever you want.

직역하면 "당신이 원하는 것은 뭐든지." 〈whatever 주어 + 동사〉는 '~하는 것은 뭐든지'라는 의미이다.

3. nothing to do with ~

'~와 관계없다'라는 의미이며, 반대로 〈something to do with ~〉는 '~와 관계가 있다'가 된다. It doesn't matter to me.(저하고 상관이 없잖아요. / 저하고 무슨 상관이에요.)

서로 적절한 인간관계를 유지하기 위해서는 관심이 없거나 신경 쓰고 싶지 않더라도 형식적으로라도 대응하는 요령이 필요하다. 반문하는 듯한 말투의 표현으로 "그래서요? / 어쨌다고요? / 알게 뭐람? / 무슨 상관이죠?"라는 표현은 Who cares? / So what? / Does it matter? 등과 같이 관용 표현으로 쓰인다. 그럼, 무관심함을 드러내는 표현들을 살펴보자.

- It doesn't matter (to me).
- I couldn't care less.
- It's not my concern[business, problem].
- What has it got to do with me?

Chapter

5

칭찬과 격려

'칭찬은 고래도 춤추게 한다'라는 말처럼 상대방에게 칭찬과 격려로써
용기를 불어넣어 준다면 없었던 자신감이 생겨남으로써 일이건, 공부건,
스포츠건 간에 반드시 좋은 결과를 얻게 될 것이다.

Unit 1 운이 좋을 때

행운을 빌어주는 표현 중에 대표적인 말은 Good luck!이다. 반어적인 표현으로 Break a leg!라는 표현도 있는데 "다리나 부러져라."라고 불행을 바라는 표현 같지만 속뜻은 "행운을 빌어요! / 힘내세요!"라는 의미이다. 그 밖에 cross one's fingers라는 말도 행운을 비는 표현이다.

영어로 '행운아'는 뭐라고 표현할까? 그냥 lucky guy 정도로 해도 좋고, lucky boy(girl)라고 해도 된다.

CONVERSATION 실 전 에 활 용 하 는 다 이 얼 로 그

A: I'm lucky!
B: What's happening?

A: 저는 운이 좋은가봐요!
B: 무슨 일 있어요?

A: Just in time.
B: You're lucky.

A: 딱 제시간에 왔어요.
B: 당신은 운이 좋네요.

Usage

영어에서는 "도대체 어떻게 된 거야? / 무슨 일입니까?"라는 표현으로 What's happening?과 같은 영어적 표현이 많이 있는데 그 중 What's wrong?이 대표적인 표현이다.

다음과 같은 표현도 구어에서 많이 쓰인다.

- What's up?
- What's the matter?
- What's the problem?
- What happened?

BASIC EXPRESSIONS 영어로 말해봐!

☆ 저는 운이 좋은가봐요!

아임 럭키
I'm lucky!

＊ I'm very lucky!

☆ 우리는 운이 좋군요!

위어 럭키
We're lucky!

☆ 당신은 운이 좋군요!

유어 럭키
You're lucky.

= You're pretty lucky.

☆ 정말 잘했어요. / 너무 멋지군요!

베리 나이스
Very nice.

＊ It looks very nice. / You look very nice.라는 표현으로 대체해도 무방하다.

☆ 잘했어요! / 좋아요.

댓츠 굿
That's good.

☆ 좋은 소식이군요.

굿 뉴스
Good news.

☆ 너무 믿기지 않군요. / 믿기지 않을 만큼 좋군요.

디씨즈 　 투 　 굿 　 투 　 비 　 트루
This is too good to be true.

☆ 정말 기뻐요. / 정말 잘됐어요.

아임 　 리얼리 　 해피 　 풔 　 유
I'm really happy for you.

☆ 다행이군요. / 안심이 되는군요.

아임 　 릴리브드
I'm relieved.

☆ 딱 제시간에 왔어요.

저슷 　 인 　 타임
Just in time.

　　* Didn't be late.(늦지 않았어요.)라는 표현과 같은 표현이다.

- lucky 행운의, 운이 좋은
- very 아주
- nice 멋진
- good 좋은
- happy 행복한, 기쁜
- really 정말로
- relieved 안심되는, 한숨 돌린
- in time 제시간에, 시간에 맞춰서

 회 화 를 위 한 영 문 법

1. That's good.

"잘 했어요!" "멋지군요."라는 표현이다. 관용적으로 Good job!이라는 표현도 많이 쓰는 편이다.

2. This is too good to be true.

〈too ~ to …〉 구문으로 직역하면 "정말이라고 하기에는 너무 좋다."이므로 '믿기지 않는다, 큰 행운이다'라는 의미이다.

3. I'm relieved.

마음을 졸이다가 안심이 된 상태를 나타내는 표현이다. 가령, I'm so relieved that I'm done with it.이라고 하면 "(시험이나 일 따위가) 끝나서 홀가분하군요!"라는 어감이 담긴 표현이 된다.

상대방이 좋은 결과를 가져오거나 가끔 멋져 보일 때 wonderful, nice, cool, splendid, lovely, great, fine 등과 같은 어휘만으로도 표현이 가능하며, How nice! / How wonderful!과 같은 감탄 표현도 쓸 수 있다.
이러한 표현을 말할 때 앞에 놀라는 시늉을 하는 Oh!라는 감탄사를 덧붙여 주면 어감을 확 살릴 수 있다.

- 놀랄 때: Oh, boy! / Oh, my God! / Oh, my goodness!
- 맞장구칠 때: Oh, yes! / Oh, I see!
- 안타까울 때: Oh, no! / Oh, dear!

Unit 2 칭찬을 할 때

상대방이 어떤 일을 해냈을 때 축하해주는 말로 형용사 한 단어로 표현하는 일이 많다. 예컨대 Wonderful! / Excellent! / Magnificent! / Splendid! 등 상황에 따라 형용사를 사용하여 감탄의 표현을 할 수 있다. Good job!이란 말도 좋은 표현인데 어린이를 칭찬할 때는 Good boy. 또는 Good girl.이라고 하면 된다.

 CONVERSATION 실 전 에 활 용 하 는 다 이 얼 로 그

A: I got first prize!
B: You tried hard.

A: 1등 상을 받았어요!
B: 정말 열심히 했구나.

A: I got a hundred!
B: You did it!

A: 만점 받았어요!
B: 해냈구나!

Usage

You did it!은 '참 잘했어요.'라는 의미로 상대를 칭찬할 때 사용하는 표현인데, 혼잣말로 "드디어 해냈군요!"라고 말하고 싶을 때는 I did it!이라고 하면 된다. 가령, You did it, didn't you?이라는 표현은 "그거 네가 그랬지?"라고 재확인하는 표현법에도 활용된다. 본래 do it은 '실행하다, 해내다'의 의미로 사용되는 표현이다.

- How do you do it? 어떻게 그럴 수 있어요?
- Do it as you did it. 당신이 했던 대로 하세요.

BASIC EXPRESSIONS 영어로 말해봐!

☆ 잘했어요. / 당신은 해냈군요!

　　유　디릿[디딧]
You did it!

＊ You make it! 성공했군요. / You did well. 아주 잘 했어요!

☆ 잘했어요! / 훌륭해요.

　　웰　　던
Well done.

☆ 참 잘했어요!

　　굿　　잡
Good job.

☆ 참 열심히 했네요. / 고생했어요.

　　유　트라이드　하드
You tried hard.

☆ 대단하지 않나요? / 정말 잘했어요.

　　댓츠　리얼리　썸씽
That's really something.

☆ 젓가락을 아주 잘 쓰네요.

　　유　아　굿　앳　유징　챱스틱스
You are good at using chopsticks.

☆ 잘하네요. / 좋아요.

_굿
Good.

= Very good.

☆ 멋지네요.

_{나이스}
Nice.

* 구어에서는 Gorgeous.(훌륭해요. / 끝내줘요.)라는 표현도 즐겨 사용한다.

☆ 엄청나군요! / 환상적이군요!

_{터리픽}
Terrific!

* Perfect!(완벽하군요! / 끝내주는군요!)라는 표현도 즐겨 쓰는 편이다.

☆ 잘됐군요. / 정말 훌륭해요!

_{그레잇}
Great!

= That's great.

- well 잘
- good 좋은
- job 일
- tried try(시험하다)의 과거형
- hard 힘든, 열심히
- using 〈use(사용하다) + ing〉의 형태
- chopsticks 젓가락
- terrific 아주 멋진, 훌륭한

 **CHECK-POINT** 회 화 를 위 한 영 문 법

1. Good job.

상대방의 행동이나 한 일에 대해 "잘했다!"라고 할 때는 You did a good job.을 줄여서 Good job.이라고 말한다.

2. That's really something.

'대단하다'라는 칭찬이다. 여기서 something은 뭔가 '대단한[중요한] 것'을 가리키므로 아무나 해낼 수 없는 일을 했을 때 사용하는 표현이다.

3. are good at -ing

`숙어` 〈be good at + -ing〉 문형으로, '~하는 것에 능숙하다'라는 의미를 내포하고 있다.

That's great.이란 표현은 어떤 결과나 업적에 대한 칭찬의 표현이므로 Way to go!(바로 그거야! / 그게 최상이야!) 또는 Good for you!(대단하군요. / 잘 됐군요.)와 동일한 의미로 쓸 수 있다.
"정말 멋지군요. / 정말 끝내주는군요."라는 표현은 다음과 같이 다양하게 표현할 수 있다.

- I'm impressed.
- Really!
- That's wonderful!
- Way to go!
- Hey, that's great!

Unit 3 상대의 의견에 응대할 때

Sounds like fun.은 '재미있을 것처럼 들린다'라는 뜻인데 앞에 주어 That이나 It이 생략된 형태이다. like는 생략해도 무방하며 그냥 Sounds good.해도 좋다.
Not (so, too) bad.는 '나쁘지 않다'보다는 '상당히 좋다'라는 뉘앙스이며, Good idea.는 That's a good idea.가 축약된 표현이다.

A: What do you think?
B: It may be all right.

A: 어떻게 생각해요?
B: 그걸로 괜찮을 거예요.

A: Why don't we go to the baseball game?
B: Sounds like fun.

A: 야구 경기 보러 갈래요?
B: 재미있을 것 같네요.

Usage

It may be ~(아마 ~일지도 모르다)라는 표현은 상대방이 견해를 물었을 때 다소 불확실한 경우에 활용되는 표현법이다. 거의 〈may + be동사 + 형용사(절)/형용사 상당어구〉의 문형으로 말한다.

♣ 다소 불확실하여 추측을 표할 때
- It may be possible, but don't count on it. 가능할지 모르지만 기대하지 마세요.
- She may be late for the meeting. 그녀는 모임에 늦을지도 몰라요.
- It may be cold this morning. 오늘 아침은 추울지도 몰라요.

BASIC EXPRESSIONS 영 어 로 말 해 봐 !

☆ 좋은 생각이군요. / 멋진 아이디어네요.

굿　　아이디어
Good idea.

= That's a good idea.

☆ 멋지군요! / 훌륭하군요.

그레잇
Great!

☆ 재미있을 것 같네요.

싸운즈　　라익　　펀
Sounds like fun.

☆ 흥미롭군요. / 재미있군요.

싸운즈　　인터레스팅
Sounds interesting.

☆ 완전 좋아요. / 훌륭하군요.

싸운즈　　굿
Sounds good.

☆ 괜찮아요. / 좋아요.

노　　프라블럼
No problem.

※ '아무런 문제없어요.'라는 뜻으로 쓰여 "상관없어요."라는 의미로 활용된다.

☆ 나쁘지 않아요. / 좋아요.

낫   뱃
Not bad.

☆ 그저 그렇네요. / 그다지 좋지 않군요.

낫   투   굿
Not too good.

※ 다소 부정적인 입장의 표현으로써 '나쁘다'는 뉘앙스가 내포되어 있다. 가령, It is not good.하면 "맛이 없어요."라는 표현이다.

☆ 괜찮을 거예요. / 괜찮을 겁니다.

잇   메이비   올   롸잇
It may be all right.

☆ 저는 좋습니다. / 괜찮아요.

댓츠   화인   윗   미
That's fine with me.

- good 좋은
- idea 생각
- great 멋진
- sound ~하게 들리다
- fun 재미있는
- interesting 흥미로운
- problem 문제
- bad 나쁜
- all right 괜찮은
- fine 좋은, 괜찮은

CHECK-POINT 회화를 위한 영문법

1. Sounds like ~

'~인 것처럼 들린다'라는 표현이다.

2. Not too good.

직역하면 '아주 좋지는 않다'인데 too는 부정문에서 '그다지 ~'라는 의미가 된다.

3. It may be all right.

직역하면 "아마 좋을 것 같아요. / 괜찮을 것 같아요."이다.

No problem.은 상대의 의견이나 결정에 대해 호의적인 입장에서 동조할 때 "좋아요. / 좋습니다."라는 표현으로도 사용되지만 그 밖에도 I don't care.(괜찮습니다. / 상관없어요. / 문제없어요.)라는 뉘앙스의 표현으로도 널리 활용된다. 대체 표현으로는 다음과 같은 표현이 있다.

- It doesn't matter ~
- I'm over it.
- I really don't mind.
- I couldn't give a flying fuck.

※채팅 약어(ICGAFF)

Unit 4 맞장구칠 때

동의나 찬성을 나타낼 때는 전치사 with나 for가 사용된다는 점에 유의하자. '당신 의견에 찬성합니다.'라는 표현은 I'm for your opinion. / I'm with you. / I agree with you.라고 하면 된다. 적극적으로 찬성할 때는 I'm all for it. / Anything you say.라고 말한다. 일반적으로 사용하는 "예. / 네."에 해당하는 Yes.나 Yeah. / OK.(Okay.)와는 다른 의미를 담고 있으므로 사용 시 유의해야 한다.

CONVERSATION 실전에 활용하는 다이얼로그

A: Don't you think so?
B: That's right.

A: 그렇게 생각하지 않나요?
B: 바로 그거야.

A: Something's strange...
B: No doubt.

A: 뭔가 좀 이상해요…
B: 확실히 그래요.

Usage

상대방의 말에 맞장구를 치는 "정말입니까? / 그렇습니까?"라는 표현은 Are you sure? / Is that so? / Is that right? 따위를 활용하며, Really! / Indeed! 등도 사용된다. 다소 반문의 어감이 내포되어 있으므로 문미를 항상 '상승조'의 억양으로 말한다. 그러나 상대방이 사용한 동사를 되받아 반문하는 다음과 같은 표현도 응답으로 활용됨에 유의해야 한다.

- Is it?
- You are?
- Do you? / Don't you? / Did you? / Didn't you?
- Me, too.

BASIC EXPRESSIONS 영 어 로 말 해 봐 !

☆ 바로 그거야! / 옳습니다. / 맞아요.

댓츠 라잇
That's right.
= That's it.

☆ 네 말이 맞아요! / 당신이 옳아요.

유어 라잇
You're right.

∗ You said it. / It's a deal. / You're telling me. / You can say that again.
등과 같은 관용 표현도 널리 활용된다.

☆ 바로 딱 그거야! / 전적으로 당신이 옳아요.

유어 퍼픽리[퍼펙틀리] 커렉트
You're perfectly correct.

☆ 절대적으로 그래요. / 정말로 맞아요.

앱썰루르리[앱썰루틀리]
Absolutely.

☆ 저도 그렇게 생각해요.

아이 씽 쏘 투
I think so, too.

☆ 확실히 그래요. / 확실해요. / 당연하죠.

노 다웃
No doubt.

☆ 확실히 그건 그래요.

　　노　　다웃　　어바우릿
No doubt about it.

☆ 동의합니다. / 찬성합니다.

　아이　어그리
I agree.

= I agree with you.(⇔ I don't agree with you.)

☆ 좋습니다. / 그렇습니다. / 괜찮습니다.

　댓츠　　페어
That's fair.

＊ '그것 참 공정하군요.'라는 뜻으로도 사용된다.

☆ (안타깝지만) 그래요.

　아임　어후레이드　쏘
I'm afraid so.

＊ 다소 싫거나 그렇게 되길 바라지 않는다는 뉘앙스가 담긴 표현이다.

WORDS

- perfectly 완벽하게
- correct 맞는
- absolutely 절대적으로, 전적으로
- too ～도 또한, 역시
- doubt 의심; 의심하다
- agree 찬성하다
- fair 공정한
- afraid 두려워하는

CHECK-POINT 회화를 위한 영문법

1. You're right.

이 경우 you는 '당신이 말하는 것'을 나타낸다.

2. No doubt.

직역하면 "의심할 바 없다."이고 doubt는 '의심(하다)'이다.

3. That's fair.

직역하면 "그걸로 공평하죠."인데 fair는 '공평하다'라는 의미이다.

상대방의 말에 적극적으로 공감할 때 "그렇습니다."라는 표현은 상대의 표현에 따라 2가지의 용법으로 활용된다.

💬 So I do. / So I am. (그렇습니다. = I agree with you.)
　　Q: You like apples.　　　A: So I do.

💬 So do I. / So am I. (저도 그렇습니다. = Me, too.)
　　Q: I like apples.　　　　A: So do I.

Unit 5 위로를 건넬 때

인간관계에서는 즐거운 일을 함께 하는 것보다 괴로울 때 위로해 주는 사람이 더 믿음직하고 기억에 오래 남는다. 크게 절망하는 사람에겐 "그렇다고 세상이 끝나는 건 아냐."라고 말해줄 수도 있다. 팝송 제목을 이용한 문장으로 It's not the end of the world.라는 표현이 흔히 쓰인다.

상대방을 달래주는 표현으로 "진정하세요."는 Take your time. / Calm down. / Take it easy. 등과 같이 표현하면 된다.

CONVERSATION 실 전 에 활 용 하 는 다 이 얼 로 그

A: This is hopeless.
B: Don't be depressed.

A: 절망적이에요.
B: 실망하지 마세요.

A: I'll back you up.
B: Thank you.

A: 제가 응원할게요.
B: 고마워요.

Usage

위로하거나 동정하는 말은 조심해서 표현할 필요가 있다. 왜냐하면 잘못 사용하면 상대방의 자존심에 상처를 줄 수 있기 때문이다. 동정의 감탄사로는 Oh, no.(오, 맙소사!) / Oh, dear.(오, 저런!) 등을 사용할 수 있으며, 우리가 알고 있는 I'm sorry to hear that. / That's too bad.나 What a pity! 외에도 다음과 같은 표현이 활용된다.

- Poor thing!
- Dear me!
- What a shame!

☆ (어떻게든) 잘될 거야.
잇을[이를]   워카웃
It'll work out.

☆ 실망하지 마세요.
돈   비   디프레스트
Don't be depressed.

☆ 걱정하지 마세요. / 염려하지 마세요.
네버   마인드
Never mind.
＊Don't worry about it.과 같은 표현이다.

☆ 걱정 마세요. / 그럴 수 있죠.
잇   해픈스
It happens.

☆ 운이 나빴을 뿐이에요.
댓츠   언포처넛
That's unfortunate.

☆ 그렇게 슬퍼하지 마세요.
돈   필   쏘   쌔드
Don't feel so sad.

☆ 그건 당신 잘못이 아닙니다.

잇츠   낫   유어   폴트
It's not your fault.

☆ 어쩔 수 없었어요. / 어쩔 수 없었잖아요.

잇   캔-   비   헬프트
It can't be helped.

☆ 운에 맡겨 봅시다. / 행운을 빌어봅시다.

렛츠   트라이   아워   럭
Let's try our luck.

☆ (항상) 제가 응원할게요.

아일   백큐업
I'll back you up.

☆ 저는 당신 편입니다. / 힘이 되어 줄게요.

아임   온   유어   싸이드
I'm on your side.

* Don't worry. I'm here for you.(걱정 마. 네 곁엔 내가 있잖아.)라는 표현도 유사한 표현이다.

- depressed 낙담한
- never 결코 ~않다
- mind 걱정하다
- unfortunate 불운한
- sad 슬픈
- fault 잘못
- try 시도하다
- back up 응원하다

 **CHECK-POINT** 회화를 위한 영문법

1. It'll work out.

직역하면 "잘 해결될 것이다."라는 뜻인데 〈work out〉은 '일이 잘 풀리다'라는 의미이다.

2. It happens.

"그럴 수 있다, 흔히 있는 일이다."라는 의미이다.

3. Let's try our luck.

직역하면 "우리들의 운을 시험해 보자."이므로 '운에 맡겨보자'라는 뉘앙스의 표현이다.

It can't be helped.를 직역하면 "그것은 도움 받을 수 없었다."라는 의미로써 "그건 어쩔 도리가 없었어요."라는 표현이다. 자신이 무언가를 후회하거나 낙담할 때 I couldn't help it.(어쩔 수가 없었어요.) / I had no choice.(달리 방법이 없었어요.)라는 표현을 쓰게 된다.

· There's nothing you can do about it.

Unit 6 용기를 북돋울 때

게임이나 스포츠 경기에서 응원할 때 가장 흔히 사용하는 표현이 "화이팅!"이다. 참고로 일본에선 화이또(fight)라고 하지만 둘 다 영미인에겐 통용되지 않는 표현이다. 응원할 때는 Go! Go!가 가장 많이 쓰이고, Go for it!(힘내!) / Way to go!(잘 한다!)라고도 하는데 아마도 '잘하고 있으니까 밀어 붙여요!'와 같은 뉘앙스의 표현이다. "버텨라. / 조금만 더."라는 뉘앙스는 Hang in there!라고 표현한다.

 CONVERSATION 실 전 에 활 용 하 는 다 이 얼 로 그

A: **Help me!**
B: **Try it yourself.**

A: 저 좀 도와주세요.
B: 스스로 해 보세요.

A: **Go ahead and try.**
B: **I can't any more.**

A: 할 수 있는 만큼 해 보세요!
B: 더 이상은 못해요.

Usage

우리가 용기가 없거나 겁이 많은 사람에게 Try it yourself.(너 혼자 시도해보세요.)라는 표현을 사용하여 힘을 북돋워주고, 또한 자립심이나 의지가 약한 사람에게 충고할 때는 Do it yourself.(스스로 헤쳐 나가보세요.)라는 표현을 하게 된다.

- Would you like to try it yourself?
- You can do anything yourself. 뭐가 됐든 혼자 해결하시오.

※ DIY제품(do-it-yourself): 기계를 사용하지 않고 손으로 직접 만든 제품을 일컫는 말이다.

 **BASIC EXPRESSIONS** 영 어 로 말 해 봐!

☆ 파이팅! / 힘내라!
고 고
Go, go!

☆ 힘내세요!
커 몬
Come on.
＊독려할 때 많이 쓰이는 Way to go! / Go for it!와 유사한 표현이다.

☆ 더 열심히 하세요!
트라이 하더
Try harder.

☆ 기운 좀 내세요!
치어 업
Cheer up.
＊상대방을 진정시키거나 정신을 차리라고 독려할 때 사용하는 관용 표현인 Pull yourself together!라는 표현도 널리 쓰인다.

☆ 용기를 내세요!
비 브레이브
Be brave.

☆ 포기하지 마세요.
돈 기법
Don't give up.

☆ 다시 한번 해 보세요.
　　트라이　잇　　어게인
　Try it again.

☆ 부끄러워하지 마세요.
　　돈　　비　샤이
　Don't be shy.

☆ 너는 할 수 있어요!
　　유　캔　두　잇
　You can do it.

☆ 스스로 해 보세요.
　　트라잇　　유어쎌프
　Try it yourself.

☆ 열심히 해 보세요. / 계속 노력하세요.
　　킵　　트라잉
　Keep trying.

　= Keep going. 계속 해 보세요.

WORDS

- **harder** 더욱 열심히 *hard(열심히)의 비교급
- **cheer up** 기운을 내다
- **brave** 용감한
- **give up** 포기하다
- **shy** 부끄러워하는, 수줍어하는
- **yourself** 스스로, 직접

CHECK-POINT 회화를 위한 영문법

1. Go, go!

스포츠 경기에서 "화이팅!"하고 응원할 때 사용한다.

2. Come on.

"힘 내."라고 용기를 북돋울 때 사용한다.

3. Be brave.

직역하면 "용감해져라."는 뜻이므로 '물러서지 마라, 겁먹지 마라, 도전해라'는 뉘앙스가 담긴 표현이다.

상대방이 기운을 낼 수 있도록 기운을 북돋워 주는 표현은 다양하게 사용할 수 있다. 우리가 사용하고 있는 '화이팅!'에 해당되는 표현인 Fighting!은 콩글리시이며, 올바른 표현은 다음과 같다.

· Cheer up!
· Way to go!
· Come on!
· Hang in there! ＊Keep in there!

Unit 7 격려를 해줄 때

"힘 내! / 기운 내!"라는 뜻으로 Come on!이란 표현이 있는데 이 표현은 말할 때 억양을 어떻게 하는지에 따라, "자, 빨리."라는 재촉의 의미가 될 수도 있고 "설마?"라는 불신을 표현할 수도 있다. 글자 그대로 "이리 와!"가 될 수도 있고, "진정해." 또는 "자, 덤벼!"라는 뜻이 될 수도 있는 만능 표현이다.

 CONVERSATION 실 전 에 활 용 하 는 다 이 얼 로 그

A: This is hopeless…
B: Don't give up.
A: 이건 절망적이야.
B: 포기하지 마세요.

A: I shouldn't have said that.
B: Don't be depressed.
A: 그런 말은 하지 말았어야 했는데.
B: 침울해 하지 마세요.

Usage

뒤늦게 후회하거나 참회할 때 〈I shouldn't have ~(~하지 말았어야 했는데…)〉와 같은 표현을 사용한다. 여기에서는 진한 아쉬움의 뉘앙스가 들어있으므로 현재완료형(shouldn't have said)을 사용하였다.
I shouldn't have said that.이라는 표현은 "제가 말실수를 했다."라는 뉘앙스이므로 I really shouldn't have said that, and I'm sorry I did.처럼 이미 입 밖으로 내뱉은 말이기 때문에 후회하고 사과하게 되는 것이다.

BASIC EXPRESSIONS 영 어 로 말 해 봐!

☆ 너무 실망하지 마세요.

Don't be too discouraged.

  ＊ Don't get disappointed! / Don't be disappointed!라고 대체해도 무방하다.

☆ 포기하지 마세요.

Don't give up.

☆ 침울해 하지 마세요. / 우울해 하지 마세요.

Don't be depressed.

☆ 다 잘될 거야.

Things are going to be alright.

  ＊ Everything will be okay. / It'll work out in the end. / You'll find a way. 등과 같은 표현도 유사한 표현이다.

☆ 운이 나빴을 뿐이야.

That's unfortunate.

☆ 네 잘못이 아니야.

It's not your fault.

☆ 어쩔 수 없잖아요.
잇 캔- 비 헬프트
It can't be helped.

☆ 너무 슬퍼하지 마세요.
돈 필 쏘 쌔드
Don't feel so sad.

☆ 그럴 수도 있지요.
잇 해픈스
It happens.

☆ 진정하세요. / 기운 내세요.
테이키리지
Take it easy.

☆ 널 응원할게요.
아임 써포팅 유
I'm supporting you.

＊관용 표현으로 I'll be rooting for you. / I'm all in. 등이 널리 활용된다.

- cheer up 기운을 내다
- give up 포기하다
- depressed 우울한, 낙담한
- work out 해결하다
- unfortunate 불운한
- fault 잘못, 책임
- help 구하다
- sad 슬픈

 회　　화　　를　　위　　한　　영　　문　　법

1. It's not your fault.

"그건 당신의 잘못이 아니다."라는 뜻으로 상대방이 자신을 학대하거나 지나친 책임감을 느낄 때 해줄 수 있는 표현법이다. 자신의 실수를 인정할 경우에는 It's my fault.(그건 내 잘못이야.)라는 표현을 쓸 수도 있다.

2. It can't be helped.

직역하면 "그 일은 도움을 받을 수 없었다."의 뜻으로 "어쩔 도리가 없군요. / 어쩔 수가 없군요."라는 표현이다.

3. It happens.

"자주 있는 일이다."라는 의미로 사용된다.

Take it easy.는 "진정하세요. / 기운 내세요. / 염려하지 마세요. / 서두르지 마세요. / 살살 하세요." 등 다양한 뜻으로 쓰인다. 또한 작별할 경우에는 "편히 쉬세요."라는 뜻으로도 활용되는 만능 표현이다.

- Take it easy! Don't panic. 진정해! 겁먹지 마라.　＊당황하지 마라.
- Take it easy! The handle is too fragile. 조심하세요. 손잡이가 깨지기 쉬우니까.
- Take it easy. We don't have to rush. 천천히 하세요. 서두를 필요 없어요.

Chapter 6

염려와 배려

인간관계에서 서로 친숙하게 되는 비결은
서로에게 인간미를 느꼈거나 배려하는 마음에 이끌리는 경우가 많다.

Unit 1 일상적인 사연을 물어볼 때

일반적으로 상대방의 건강이 안 좋아 보이거나 좋지 못한 징후가 포착될 경우에 What's wrong (with you)?라는 표현을 가장 많이 쓰며, 그 밖에도 What happened?도 자주 사용되는 편이다.
어떤 일의 원인, 이유를 물을 때는 What makes you ~? 패턴 문형을 이용한다. 이것은 Why are you ~?와 같은 의미로 쓰인다. 이유를 말할 때는 It's because ~ / The reason for ~ is that … / The reason why ~ is that … 패턴 문형으로 설명하면 된다.

A: What's the matter?
B: It's nothing.

A: 왜 그래요?
B: 아무것도 아니에요.

A: Why are you crying so hard?
B: Leave me alone.

A: 왜 그렇게 울고 있어요?
B: 혼자 있게 해주세요.

Usage

What makes you think so?라는 표현은 원래 What is it that makes you think so?라는 문장이 축약된 표현으로 What is it?(무엇이죠?)과 That makes you think so.(그것이 당신을 그렇게 생각하게 만든다.)가 합쳐진 표현인 셈이다.

· What makes you say that? 왜 그런 말을 하는 거죠?
· What makes you laugh? 뭐가 그렇게 웃기나요?
· What makes you think I was? 왜 나였다고 생각하죠?

 **BASIC EXPRESSIONS** 영 어 로 말 해 봐!

☆ 무슨 일 있어요?

왓츠 롱
What's wrong?

☆ 왜 그래요?

왓츠 더 매러
What's the matter?

☆ 무슨 일 있으세요?

왓츠 고잉 온
What's going on?

＊ Is anything wrong? / Is something bothering you?와 같은 표현이다.

☆ 왜 그래요?

왓츄어 프라블럼
What's your problem?

☆ 무슨 일이 있었어요?

와래픈드
What happened?

＊ What's happening?

☆ 무슨 걱정이라도 있어요?

와라유 워리드 어바웃
What are you worried about?

☆ 무슨 고민거리라도 있어요?

왓츠 이링[이팅] 유
What's eating you?

＊What's the trouble with you?라는 관용 표현과 동일한 뜻으로 활용된다.

☆ 왜 그렇게 생각하죠?

왓 메익스 유 씽 쏘
What makes you think so?

☆ 왜 그렇게 우울해 해요?

와이 아 유 쏘 쌔드
Why are you so sad?

＊관용 표현으로 Why so blue? / Why so down? / Why (do you have) such a long face?라고도 표현한다.

- **happen** (일이) 일어나다
- **about** ~에 대해서
- **hard** 심하게
- **angry** 화난

 회　　화　　를　　위　　한　　영　　문　　법

1. What's the matter?

직역하면 "뭐가 문제야?"로 What's wrong?과 더불어 상대방에게 무슨 문제가 있는 것인지 물어보거나 염려하는 표현이다.

2. What's your problem?

직역하면 "뭐가 네 문제니?"인데 이는 상대방의 고민거리를 묻는 표현으로 What's the problem?이라고 말해도 된다.

3. What are you worried about?

직역하면 "무엇을 걱정하고 있어?"인데 고민거리나 걱정거리가 무엇인지 묻는 표현이다.

What's wrong?을 직역하면 "무엇이 잘못된 일인가요?"로써 wrong은 상대에게 '나쁜, 부적당한, 잘못된' 일 따위가 벌어지고 있음을 묻는 뉘앙스를 내포하고 있다. 문장 끝에는 구체적인 대상을 지칭하는 with you(너한테)가 생략된 표현이다.

😀 일상적으로 인사를 나눌 때: 요즘 어때?, 별일 없죠?

· What's up? / What's new? / What's going on?

😀 사연이나 안부를 물어볼 때: 뭔 일 있습니까?, 왜 그래요?

· What's wrong? / What happened? / What's the matter?

Unit 2 구체적인 사연을 물어볼 때

상대방에게 〈이유〉를 물을 때 Why ~?라는 의문 부사를 사용하게 된다. 그런데 Why not?은 응답의 표현으로 "물론 됩니다. / 물론이죠!"라는 강한 긍정의 표현이다.
Why don't you[we] ~?는 〈제안〉이나 〈권유〉의 표현으로 "~하는 게 어때요?"라고 사용되지만 구체적인 〈이유〉를 물어보는 "어째서(왜) ~하지 않죠?"라는 표현으로도 활용된다는 사실에 유의해야 한다.

CONVERSATION 실 전 에 활 용 하 는 다 이 얼 로 그

A: Why me?
B: It's your turn today.

A: 왜 나예요?
B: 오늘은 당신 차례잖아요.

A: Why don't you eat your carrots?
B: I don't have much of an appetite.

A: 왜 당근을 안 먹어요?
B: 식욕이 없어요.

Usage
'제안'이나 '권유'를 할 때 일반적으로 많이 쓰이는 〈Why don't you ~?〉라는 패턴 문형은 〈How about ~?〉처럼 구어에서 널리 활용되는 만능 표현이다. 구어에서는 '왜 ~하지 않죠?'라는 뜻보다 '~하는 게 어때요? / ~해보지 그래요?'라는 캐주얼한 표현으로 더 많이 활용된다.

- Why don't you come and see me tomorrow? *방문
- Why don't you stay longer? *체류
- Why don't you go see your doctor? *주치의

BASIC EXPRESSIONS 영 어 로 말 해 봐!

☆ 왜 그래요? / 왜 그렇습니까?

와이
Why?

☆ 왜 안 돼요?

와이   낫
Why not?

＊ 긍정의 맞장구로 응답할 경우에는 "물론입니다. / 당연합니다."라는 뜻으로 쓰인다.

☆ 왜 저예요?

와이   미
Why me?

☆ 왜 그렇죠?

와이   쏘
Why so?

☆ 왜 당근을 안 먹어요?

와이   돈츄   잇츄어   캐럿츠
Why don't you eat your carrots?

＊ Why are you such a picky eater?(왜 그렇게 편식을 하세요?)라고도 말할 수 있다.

☆ 왜 학교에 안 가죠?

와이   돈츄   고 투   스쿨
Why don't you go to school?

☆ 어째서 안 와요?

와이 돈츄 컴
Why don't you come?

☆ 왜 그렇게 울어요?

와이 아 유 크라잉 쏘 하드
Why are you crying so hard?

☆ 뭣 때문에 그렇게 화났어요?

와이 아 유 쏘 앵그리
Why are you so angry?

☆ 왜 그렇게 당황하죠?

와이 아 유 쏘 컨퓨즈드
Why are you so confused?

- eat 먹다
- carrot 당근
- picky 까다로운
- school 학교
- come 오다
- hard 심하게
- angry 화난
- confused 혼란스러운, 당황한

 **CHECK-POINT** 회　　화　　를　　위　　한　　영　　문　　법

1. Why?

Why?라는 표현에는 '왜, 도대체, 어째서'라는 어감이 내포되어 있어 "왜 그렇습니까? / 어째서 그렇습니까?"라는 표현이 된다.

2. Why not?

직역하면 "왜 안 되죠?"이지만 어떤 제안을 받았을 때 Why not?이라고 응답하면 "안 될 거 없죠. / 물론 됩니다."라는 의미가 된다.

3. Why don't you ~?

구어에서는 '왜 ~하지 않죠?'라는 뜻으로 쓰이는 캐주얼한 표현이다.

Why not?은 상대방의 말에 대하여 강한 〈긍정〉이나 〈동감〉을 나타내는 응답 표현으로 "물론입니다. / 그렇습니다. / 당연합니다. / 옳습니다. / 지당합니다. / 됩니다."와 같이 폭넓은 의미로 활용되고 있는 만능 표현이다.

💬 제안이나 권유를 할 때

Q : Why not give it a chance? 기회를 한번 주는 것이 어때요?
A : Okay. 좋아요.

💬 부정의 의문을 제기할 때

Q : We can't eat in that restaurant. 그 레스토랑에서 먹을 수 없어요.
A : Why not? 왜 안 된다는 거죠?
Q : Because we don't have any money. 돈이 별로 없기 때문이에요.

💬 긍정의 의사를 피력할 때

Q : Let's go to the party tonight. 오늘밤 파티에 갑시다.
A : Why not? 그럽시다.

Unit 3 구체적으로 질문할 때

What 뒤에 곧바로 동사가 나오면 '의문대명사'로서의 용법이고 What 뒤에 명사가 나오면 '의문형용사'가 되어 여러 가지 표현을 만들 수 있다. What time(몇 시), What day of the week(무슨 요일), What train(어느 열차) 등처럼 사용해도 무방하다.
What for?와 같은 표현은 '목적'이나 '이유'를 묻는 표현법으로 "어째서죠?, 무엇 때문이죠?"라는 뜻으로 활용된다.

 실 전 에 활 용 하 는 다 이 얼 로 그

A: What would you like?
B: I'll have coffee.

A: 뭘 좀 드릴까요?
B: 커피 마실래요.

A: What's that noise?
B: It's your alarm clock.

A: 저 소리는 뭐죠?
B: 당신의 시계 알람 소리잖아요.

Usage

상대에게 무언가를 '권유'할 때 〈Would you like + [명사] ~?(~하시겠어요?)〉라는 패턴 문형을 활용하는데, 구어체에서는 What would you like?(뭘 드실래요?)처럼 간단하게 묻는 표현으로도 활용된다.

- Would you like a cup of coffee? 커피 한 잔 드시겠어요?
- Would you like some more? 조금 더 드시겠어요?
- Would you like another helping? 한 그릇 더 드시겠어요?

 **BASIC EXPRESSIONS** 영어로 말해 봐!

☆ 뭐? / 뭐가요? / 뭘요?

　　왓
What?

☆ 이건 뭐죠?

　　왓츠　　디스
What's this?

☆ 저 냄새는 뭐죠?

　　왓츠　　댓　　스멜
What's that smell?

☆ 저 소리는 뭐죠?

　　왓츠　　댓　　노이즈
What's that noise?

☆ 무슨 색깔을 좋아해요?

　　왓　　컬러　　두율라익
What color do you like?

☆ 왜 그렇죠? / 어째서죠?

　　왓　　풔
What for?

☆ 뭐 먹을래요?

　　　왓　　　　　우쥬라익
What would you like?

☆ 뭐 하고 있어요?

　　　와라유　　　두잉
What are you doing?

☆ 무엇을 할 계획이에요?

　　　와라유　　　플래닝
What are you planning?

☆ 무엇을 할 작정이에요?

　　　와라유　　고잉　투　두
What are you going to do?

☆ 뭐라고 하셨어요?

　　　왓　　디쥬　　쎄이
What did you say?

- smell 냄새
- noise 소리, 소음
- color 색깔
- like 원하다, 좋아하다
- plan 계획하다

 회 화 를 위 한 영 문 법

1. What would you like?

레스토랑에서 무엇을 주문할 것인지 물어보는 표현으로 What do you want?보다 훨씬 더 정중하다.

2. What are you planning?

직역하면 "무엇을 계획하고 있어요?"로, 상대방의 '의도'나 '계획'을 묻는 표현이다.

3. What are you going to do?

〈be going to + 동사원형〉으로 '~할 생각이다'라는 패턴 문형이다.

〈be going to〉는 주어의 〈의지 미래〉를 나타내는 동사구 표현으로 가까운 미래의 '예정'이나 '작정'을 주로 나타낸다. 유사한 표현으로 be about to(막 ~하려던 참이다), be supposed to(~하기로 되어 있다), be planning to(~할 계획이다) 등이 있다.

- I'm going to travel to Europe this summer.
  이번 여름에 유럽 여행을 갈 작정이다.
- He is about to start. 그는 막 출발하려던 참이다.
- She is supposed to meet me here. 그녀는 여기서 나를 만나기로 했다.
- I'm planning to go abroad next month. 나는 다음 달에 유학을 떠날 작정이다.

Unit 4 다소 불확실할 때

I doubt it.(잘 모르겠어요. / 글쎄요.)은 다소 '의심스럽다'라는 문자상의 의미와는 달리 비교적 완곡한 표현이다. 정확히 말하면 I don't think so.(그렇지 않다고 봅니다.)와 같은 부정적인 의미를 전달한다. I'm afraid not.은 부정적인 추측의 의미도 되지만 정중하게 거절하는 표현으로도 사용할 수 있다.

 CONVERSATION 실 전 에 활 용 하 는 다 이 얼 로 그

A: What do you think about that?
B: It sounds fishy to me.

A: 그것에 대해 어떻게 생각해요?
B: 왠지 좀 수상해요.

A: It will be cool tomorrow.
B: I expect so.

A: 내일은 서늘하대요.
B: 그랬으면 좋겠어요.

Usage

상대방의 〈의견〉이나 〈견해〉를 묻는 표현으로 〈What do you think about ~?〉과 같은 문형이 널리 활용되는데, 구어에서는 〈What about ~?〉과 〈How about ~?〉 같은 표현도 캐주얼하게 활용할 수 있다.
다음과 같은 표현도 유사하게 활용되는 표현이므로 알아 두자.

- What do you think about ~? ~에 대해 어떻게 생각하세요?
- How do you feel about ~? ~에 대해 어떻게 느끼세요?
- How do you like ~? ~는 어떠세요?

BASIC EXPRESSIONS 영　어　로　말　해　봐　!

☆ 글쎄요. / 잘 모르겠어요.

아이　다우릿
I doubt it.

＊ 실제로 I don't know.라는 표현을 많이 활용하는데 어떤 진위 여부를 모르는 경우에는 I'm not sure.라는 뜻으로 사용되며, 어떤 사실이나 정보에 대해 모를 경우에는 It's over my head.라는 뜻으로 사용된다.

☆ 확실하진 않아요. / 잘 모르겠어요.

아임　낫　슈어
I'm not sure.

☆ 왠지 좀 수상해요.

잇　싸운즈　피시　투　미
It sounds fishy to me.

☆ 그거 좀 의심스럽군요.

이츠　다웃플
It's doubtful!

☆ 그것에 대해선 확신할 수 없어요.

아임　낫　슈어　어바우릿
I'm not sure about it.

☆ 미안하지만 안 될 것 같아요. / 유감스럽지만 그럴 수 없어요.

아임　어후레이드　낫
I'm afraid not.

☆ 그렇지 않기를 바랍니다.

아이 홉 낫
I hope not.

＊ 반대의 표현법으로 I expect so.(그랬으면 좋겠습니다.)가 활용되기도 한다.

☆ 아마 아닐 겁니다. / 그렇지 않을 겁니다.

메이비 낫
Maybe not.

☆ 정말일지도 모르겠어요.

잇 마잇 비 트루
It might be true.

☆ 어떻게 그럴 수 있죠? / 그럴 수는 없어요.

하우 캔 댓 비
How can that be?

☆ 분명하진 않아요. / 확실히는 모르겠어요.

댓츠 낫 클리어
That's not clear.

- sound ~인 것 같다
- fishy 수상한
- expect 기대하다
- doubtful 의심스러운
- maybe 아마도
- might ~일지도 모른다
- clear 분명한

 회 화 를 위 한 영 문 법

1. I doubt it.

직역하면 "나는 그것을 의심한다."인데 상대를 배려하는 완곡한 표현이다.

2. It sounds fishy to me.

fishy는 '생선 냄새가 나는'이라는 뜻으로 구어로 '수상한, 의심스러운'이란 의미로 쓰인다.

3. How can that be?

"어떻게 그런 일이 있을 수 있어요?"라고 반문하는 어투의 표현이다.

상대방에게 〈유감〉을 표명하는 뉘앙스를 풍기는 표현으로써 완곡한 거절의 의사를 나타내는 표현법이다. I'm afraid not.는 '안타깝지만, 그렇지 않았으면 좋겠다'의 뜻이지만 I don't think so.의 뜻으로 활용된다.
Maybe not.라는 표현은 '(그럴지도 모르지만) 아마 아닐 겁니다.'라는 뜻으로 쓰이는 것처럼 I'm afraid not.은 '(유감스럽지만) 그렇지 않을 겁니다.'리는 뉘앙스를 내포하고 있다.

😊 I'm afraid not.
- I'm afraid I don't agree with you.
  (= I am sorry, but I can't agree with you.)

😊 Maybe not.
- Maybe not. I don't know. (= I am sorry, but I'm not sure.)

Unit 5 건강 상태를 체크할 때

상대방의 안색이 좋지 못할 때 건강 상태나 컨디션을 물어보는 표현으로 How do you feel today? / How are you feeling today? 따위의 표현을 활용하곤 한다.
다소 컨디션이 안 좋아 보일 경우엔 얼굴에 나타나므로 〈You look + 형용사 ~〉 패턴을 쓸 수도 있다. 구체적인 증상을 말할 땐 〈I have + 증상(병명) ~〉는 식으로 have 동사를 쓰면 편리하다.

CONVERSATION 실 전 에 활 용 하 는 다 이 얼 로 그

A: Are you OK?
B: I've had a cold.
A: 괜찮아요?
B: 감기에 걸렸어요.

A: You look pale.
B: It's nothing.
A: 안색이 안 좋아 보여요.
B: 아무것도 아니에요.

Usage

It's nothing.은 It was nothing.의 문형으로써 Never mind!(신경 쓰지 마라.) 라는 뜻으로도 사용되며, 또한 관용 표현인 Nix my dolly!(아무것도 아닙니다.)라 는 뜻으로도 쓰인다.
그 밖에도 "별 것 아니에요."라는 의미로 It's no big deal. / It's no problem.과 같은 표현도 유사하게 활용되고 있다.

- I'm fine with that. 아무렇지 않아요.
- I don't care a bit. 조금도 신경 쓰지 마세요.
- It's nothing, don't worry about it. 별 것 아니니 염려하지 마세요.

 **BASIC EXPRESSIONS** 영 어 로 말 해 봐 !

☆ 어떠세요? / 괜찮아요?

오케이
OK? / Okay?

☆ 괜찮으세요?

아 유 오케이
Are you OK?

☆ 안색이 창백해 보여요.

유 룩 페이얼
You look pale.

☆ 안 좋아 보여요.

유 룩 씨리어스
You look serious.

☆ 꽤 피곤해 보이네요.

유 룩 베리 타이어드
You look very tired.

☆ 기운이 없어 보이네요.

유 돈 룩 베리 굿
You don't look very good.

✽ very good은 well과 같은 의미로써 '건강 상태가 좋다'라는 표현이다.

☆ 피곤하세요?
아 유 타이어드
Are you tired?

☆ 안 추워요? / 춥지 않나요?
안츄 콜드
Aren't you cold?

　＊ Aren't you thirsty? 목 안 말라요?

☆ 컨디션 안 좋아요? / 아프신가요?
두 유 필 씩
Do you feel sick?

☆ 어디가 아프세요?
더즈잇 헛[허트] 에니웨어
Does it hurt anywhere?

　＊특정 부위를 염두에 두었다면 Do you have any pain? / Where's the pain?처럼 직접적인 질문을 하게 되지만 일반적인 경우라면 What's wrong[the matter, the matter, the problem]? / Is there anything wrong?이라고 표현하면 된다.

WORDS

- OK 괜찮은
- look ~처럼 보이다
- serious 심각한
- tired 지친, 피곤한
- cold 추운
- thirsty 목마른
- hurt 아프다
- anywhere 어딘가

CHECK-POINT 회 화 를 위 한 영 문 법

1. You look pale.

직역하면 "당신은 창백해 보인다."로써 pale은 '창백한'이라는 형용사이다.

2. Do you feel sick?

"컨디션 안 좋아요?"라는 표현인데 sick은 '아픈'의 의미이다.

3. Does it hurt anywhere?

Where does it hurt?라고 말해도 같은 의미의 표현이 된다.

흔히 〈You look ~〉의 문형에서는 동사 뒤에 좋지 않은 안색과 관련된 형용사 상당어구가 주격보어로 오는데 반하여, 〈You don't look ~〉이란 패턴 문형 뒤에는 이미 don't라는 부정어가 왔으므로 안색이 좋은 것과 관련된 형용사 상당어구가 위치하게 된다.

💬 〈You look ~〉의 패턴 문형
- You look down. 침울하게 보여요.
- You look cold. 추워 보여요.
- You look worried. 걱정스러워 보여요.

💬 〈You don't look ~〉의 패턴 문형
- You don't look so good. 안색이 별로 안 좋아 보여요.
- You don't look good today. 오늘 기분이 별로인가 봐요.
- You don't look very happy today. 오늘 행복해 보이지는 않아요.

Unit 6 기분이 어떠한지 물어볼 때

상대방의 의견이나 견해를 물어볼 때는 How about you?라고 하는데 "너는 어떻게 생각해?, 네 생각은 어때?"라는 뜻으로 다소 모호하지만 여러 경우에 쓸 수 있는 편리한 표현이다. 게다가 you 대신 아무 '대명사'나 '명사'로 편리하게 활용되므로 꼭 외워 두자.
비슷한 표현으로 How do you like ~? / What do you think of ~?라는 표현도 많이 사용되고 있다.

CONVERSATION 실전에 활용하는 다이얼로그

A: How was it?
B: It was very easy.

A: 어땠어요?
B: 아주 간단했어요.(쉬웠어요.)

A: Did you have fun?
B: So-so.

A: 즐거웠어요?
B: 그저 그랬어요.

Usage

〈Did you have ~?(~했나요?, ~하셨나요?)〉라는 패턴 문형은 상대방에게 현재의 어떤 정보나 결과에 관한 궁금증을 물어보는 표현으로 현재완료형(have + p.p.)을 활용하여 과거의 '경험'을 확인하는 표현과는 차이가 있다.

- Did you have fun tonight? 오늘밤 재미있었나요?
- Did you have any difficulties? 어떤 문제라도 있었나요?
- Did you have a nice dream in a new year? 새해 좋은 꿈을 꾸셨어요?

BASIC EXPRESSIONS 영 어 로 말 해 봐 !

☆ 어때?

하우
How?

☆ 어때요?

하우　　이짓
How is it?

☆ 어땠어요?

하우　　워짓
How was it?

☆ 어땠어요? / 좋았어요?

하우　　디쥬　　라이킷
How did you like it?

☆ 마음에 들었어요?

디쥬　　라이킷
Did you like it?

☆ 재미있었어요?

디쥬　　인죠이　잇
Did you enjoy it?

＊ Was it exciting?이라는 표현과 유사하다.

☆ 어떻게 생각해요?

왓　두　유　씽크　　어바우릿
What do you think about it?

☆ 즐거웠어요?

디쥬　　해브　　펀
Did you have fun?

☆ 맛있었어요? / 좋았나요? / 즐거웠나요?

워짓　　굿
Was it good?

☆ 이건 어때요?

하우　　어바웃　　디스
How about this?

☆ 당신은 어때요?

하우　　어바웃츄
How about you?

- like 마음에 들다
- enjoy 즐기다
- think 생각하다
- about ~에 대해서
- have fun 즐거운 시간을 보내다
- good 맛있는, 좋은

CHECK-POINT 회화를 위한 영문법

1. How?

"어때?, 어떤 식으로?"라는 의미의 의문사이다. How about you? 또는 How about it?의 생략 표현이다.

2. What do you think about it?

여기서 What에는 '어떤 식으로'라는 뉘앙스가 깔려 있다.

3. How about ~?

"~는 어때? / ~는 어떠세요?"라고 상대의 의견을 묻는 표현이다.

⟨How about ~?⟩은 ⟨Would you like to ~?⟩와 ⟨Why don't you ~?⟩처럼 일반적인 견해를 묻는 표현인 반면에 ⟨What about ~?⟩은 ⟨What do you think about ~?⟩처럼 다소 구체적인 기호나 선택의 여부를 묻는 질문에 활용된다.

💬 How about ~? ~하는 게 어때?
- I'm not going. How about you? 난 안 갈 건데. 너는 어때?
- How about we try this again? 이걸 한번 더 시도해 보는 건 어때?

💬 What about ~? ~에 대해 어떻게 생각해?
- What about being fair to me? 나한테 공정해지는 게 어때?
- What about dinner at my place? 우리 집에서 저녁 먹는 건 어때?

Unit 7 이해 여부를 확인할 때

Do you understand me?는 You know what I mean? / Did you understand what I said? / Can you follow me, please?라는 표현으로 다양하게 활용된다.
'이해하다'라고 할 때는 understand, see, follow라는 동사가 많이 쓰인다. 가령, Do you follow what I mean?이라는 누군가 물었을 때, 충분히 이해하지 못했을 경우엔 I'm afraid I don't quite follow you.처럼 I'm afraid를 붙여 정중히 답할 수 있다.

 CONVERSATION 실 전 에 활 용 하 는 다 이 얼 로 그

A: Do you understand me?
B: I understand very well.

A: 제 말을 이해하겠지요?
B: 잘 알지요.

A: Are you listening to me?
B: Yes, I am.

A: 내 말 듣고 있어요?
B: 아, 듣고 있어요.

Usage

Are you listening to me?(내 말 듣고 있니?)라는 표현과 같은 어법은 다소 생소하게 마련인데, Are you listening me?가 아니라 "Are you listening to me?"라고 해야 한다. 동사 listen 뒤에 목적어가 올 때는 반드시 to가 와야 하기 때문이다.

가령, Are you looking at me?(너 나 보고 있는 거니?)라는 표현도 마찬가지의 어법이 적용되는 문장이다.

 영 어 로 말 해 봐 !

☆ 아시겠어요? / 이해하시겠어요? / 아셨죠?

두　유　　　언더스탠드
Do you understand?

☆ 확실히 알아들었어요?

이즈　댓　클리어
Is that clear?

☆ 제 말을 이해하시겠어요?

두　유　　언더스탠-　미
Do you understand me?

☆ 제 말의 의미를 아시겠어요?

두　유　노　　와라이민
Do you know what I mean?

☆ 알아들었어요? / 이해하셨죠?

가릿
Got it?

= You got it? / Have you got it?

☆ 아시겠죠? / 알겠죠?

유　씨
You see?

＊ Look! / I told you so!도 유사한 표현이다.

☆ 그 봐요, 맞잖아요? / 제가 뭐랬어요?

씨
See?

* What did I tell you! / What did I say! / You name it! / See? I told you. 따위로 대체해도 무방하다.

☆ 제 말을 알아 들었어요? / 제 말을 이해하셨어요?

디쥬 히어 미
Did you hear me?

☆ 제 말을 알아듣겠어요. / 제 말을 이해하시겠어요?

캔 유 히어 미
Can you hear me?

☆ 제 말을 듣고 있나요? / 제 말을 이해하시죠?

아 유 리스닝 투 미
Are you listening to me?

WORDS

- **understand** 이해하다
- **clear** 확실한
- **mean** 의미하다
- **got** get(이해하다)의 과거분사
- **see** 알다, 이해하다
- **listen** (주의를 기울여) 듣다

CHECK-POINT 회 화 를 위 한 영 문 법

1. Do you understand me?

이 경우의 me는 '내가 하는 말'이라는 뜻이다.

2. what I mean

'내가 하고 있는 말(의미, 속뜻)'이라는 뜻이다.

3. Can you hear me?

따져 묻는 말투로 들릴 수 있으므로 주의해야 한다. 특히 hear는 '듣다'의 의미라기보다 '듣고 이해하다'라는 뉘앙스를 담고 있다.

상대방이 자신의 말을 제대로 이해했는지 재확인하는 경우, "제 말이 무슨 의미인지 알겠지요?(You Know What I Mean?)"라는 표현을 많이 쓰는데 채팅 용어로 YKWIM이라고 쓴다.
다음과 같은 관용 표현이 유사 표현으로 쓰인다.

- You got it?
- Are you with me?

Unit 8 계획이나 스케줄을 알려줄 때

자신의 '의지'나 '바람'을 나타낼 경우에는 조동사 will을 사용하기도 하지만 need to나 want to를 사용해서 표현하기도 한다. 그리고 intend to(~할 작정이다), mean to(~할 셈이다)도 꼭 알아둬야 할 숙어로써 구어체로 I think I'll ~이라고 표현한다.
가까운 '예정'을 말할 때는 be going to가 많이 쓰이는데 간략하게는 be -ing로 표현하고 사무적인 말투로는 I'm scheduled to ~라고 말한다.

CONVERSATION 실전에 활용하는 다이얼로그

A: I'll stop at the drugstore.
B: What are you going to buy?

A: 약국에 들렀다 갈게요.
B: 뭐 살 건데요?

A: I'll go to a beauty shop.
B: Again?

A: 미용실에 가려고 해요.
B: 또요?

Usage

여기서 stop은 '멈추다'라는 뜻이 아니라 '(어떤 장소에) 잠깐 머무르다'라는 의미로 쓰였으며, stop at이나 stop by 다음에 '시간' 혹은 '장소'를 덧붙여주면 된다. 가령, Can you stop for tea?(차 한 잔 할 수 있나요?)라는 표현도 가능하다.

- Let's stop at the gas station. 주유소에 들렀다 갑시다.
- This train will stop at Suwon station. 이 기차는 수원역에 설 겁니다.
- Would you stop by my office for a few minutes?
  사무실에 잠깐 들러주실래요?
- I'll stop by this evening for a chat. 저녁에 얘기 좀 나누려고 들를게요.

BASIC EXPRESSIONS 영어로 말해 봐!

⭐ 서점에 들렀다 갈게요.

아일 스탑 앳 더   북스토어
I'll stop at the bookstore.

⭐ 편의점에 들렀다 갈게요.

아일 드랍 앳 더   컨비니언스   스토어
I'll drop at the convenience store.

⭐ 약국에 들렀다 갈게요.

아일 컴 앳 더   드럭스토어
I'll come at the drugstore.

⭐ 백화점에 들를게요.

아일 스탑 앳 더   디파러먼   스토어
I'll stop at the department store.

⭐ 슈퍼마켓에 들렀다 가야 해요.

아이 니드투 스탑 앳 더   수퍼마켓
I need to stop at the supermarket.

⭐ 사이판에 가고 싶어요.

아이 워너[원 투] 고 투 싸이판
I want to go to Saipan.

☆ 미용실에 갈 거예요.
아일 고 투 어 뷰리[뷰티] 샵
I'll go to a beauty shop.

☆ 온천 리조트에 가고 싶어요.
아이 워너 고 투 어 핫 스프링 리조트
I want to go to a hot spring resort.

☆ 경마장에라도 갈까 봐요.
메이비 아일 고 투 더 호스 레이시스
Maybe I'll go to the horse races.

☆ 노래방에 가고 싶어요.
아이 워너 고 투 어 노래방
I want to go to a Noraebang.

☆ 한 잔 하러 가고 싶어요.
아이 워너 스탑 앳 더 클럽 훠러 드링크
I want to stop at the club for a drink.

WORDS

- stop 들르다, 머무르다
- bookstore 서점
- drugstore 약국
- department store 백화점
- beauty shop 미용실
- hot spring 온천
- maybe 아마도
- horse race 경마
- drink 술

 회화를 위한 영문법

1. I'll stop at ~

'~에 들르다, ~에 머무르다'라는 표현으로써 구어체에 널리 쓰인다.

2. hot spring resort

'온천이 있는 리조트'를 의미한다.

3. I want to stop at the club for a drink.

이 경우 drink는 '술'을 의미하므로 '술 한잔하러 술집에 들르다'라는 표현이다.

I want to ~(~하고 싶다, ~을 원한다) 표현은 상대방에게 구체적인 행위나 동작을 요구할 때 사용하는 표현으로써 〈I'd like to + 동사원형 ~〉 패턴과 마찬가지로 to 다음에는 동사원형이 와야 된다.

😊 〈I'd like to + 동사원형 ~〉: ~하고 싶습니다.
- I'd like to return this. 이것을 반품하고 싶어요.
- I'd like to make a reservation. 예약 좀 하고 싶은데요.

😊 〈I'd like + 명사 ~〉: ~을 주세요. / ~을 원합니다.
- I'd like an aisle seat. 통로쪽 좌석을 주세요.
- I'd like your phone number. 전화번호 좀 알려줄래요.

Unit 9 상대방의 이야기에 맞대응할 때

대화중 상대방의 말을 듣고 난 뒤, 맞장구를 잘 쳐줘야 '내 말을 잘 듣고 있구나'라고 생각해서 신이 나서 얘기를 할 것이다. You can say that again!(당신 말이 맞아요.)이라는 말을 들으면 누구나 기분이 우쭐해진다.
짧은 표현으로 Yeah.[야—] 또는 Uh-huh.[으허]라는 표현도 자주 사용되는 표현인데 중요한 것은 끝을 약간 끌어주는 느낌이어야 한다는 것이다.

실 전 에 활 용 하 는 다 이 얼 로 그

A: Do you want to try?
B: But...

A: 한번 해 볼래요?
B: 하지만….

A: I heard Mari quit school.
B: Are you sure?

A: 마리가 학교를 그만두었다는군요.
B: 정말이에요?

Usage

상대방을 다소 믿을 수 없을 때의 표현법으로 어떤 정보나 사실에 대해 재확인하는 요령이다. Are you sure?는 I don't believe it. Are you sure? Who did you hear from?(믿을 수가 없어. 확실해? 누구한테 들었어?)과 같은 뉘앙스가 담긴 표현이다. Is that clear?(확실하게 알겠니?)라는 표현은 조금 다른 의미를 담고 있다.

• Are you sure about that? 그거 확실해? *정보나 소문 따위
• Are you sure it doesn't hurt? 안 아픈 거 확실해?

 **BASIC EXPRESSIONS** 영어로 말해 봐!

☆ 응, 그렇지.
예[야]
Yeah.

☆ 오, 그래?
오   예
Oh, yeah?

☆ 으음~. / 응.
으-허
Uh-huh.

☆ 아마도.
메이비
Maybe.

☆ 그래요?
이즈 댓 쏘
Is that so?

☆ 그래서요? / 그리고 뭐요?
앤
And?

※ 상대의 다음 말을 재촉할 때 사용하는 표현이다.

☆ 확실한 거야?

아 유 슈어
Are you sure?

☆ 그랬으면 좋겠어요. / 그러길 바랍니다.

아이 홉 쏘
I hope so.

☆ 그렇구나. / 글쎄...

웰
Well...

☆ 하지만 말이야.

벗
But...

- oh 오(감탄사)
- maybe 아마도
- so 그렇게, 그렇다
- and 그리고, 그래서
- sure 확실한, 확신하는
- hope 바라다, 원하다
- but 그러나

CHECK-POINT 회 화 를 위 한 영 문 법

1. Yeah.

yes와 같은 의미로 친근한 표현이다.

2. Uh-huh.

친한 사이에 yes 대신에 대화중에 가볍게 맞장구칠 때 사용한다.

3. I hope so.

좋은 결과를 예상할 때 쓰이며, 나쁜 결과를 예측할 때는 I hope not.(그렇지 않기를 바란다.)라는 표현을 사용하면 된다.

영어에서 맞장구 표현은 어느 정도 자신감이 있어야 구사할 수 있는 표현으로써 상대방의 말에 반문할 때는 끝을 올려주는 상승조의 억양으로 발음하며, 이에 반해 맞장구를 칠 경우에는 끝을 내려주는 하강조의 억양으로 발음한다.

상승조: 적극적인 맞장구(강한 동조를 피력하거나 확인할 때)
- 정말이에요? : Are you sure?(↗) / Really?(↗) / Is that so?(↗)
- 그래요? : Is it?(↗) / Did you?(↗) / Have you?(↗)

하강조: 형식적인 맞장구(애매모호하거나 확신이 없을 때)
- 아마도요. : Yes and no.(↘) / Maybe.(↘) *아마 그럴 겁니다.
- 그저 그래요. : So-so.(↘) / Half and half.(↘)

Chapter

7

제안과 권유, 충고

상대방에게 제안이나 권유할 경우에는 다소 정중하게 요청하는 편이 좋으며,
주의나 경고를 줄 경우에는 명령형으로 단호하게 표현하는 편이 좋다.

Unit 1 제안이나 권유를 할 때

상대방에게 '권유'나 '제안'을 할 때 쓰는 표현과 마찬가지로 Why don't we ~?와 Let's ~가 있는데 전자는 "~하지 않을래요?"이고 후자는 "~합시다."가 된다. 상대에게 권유할 때 쓰는 Why don't you ~?라는 표현도 널리 활용된다. 구어체에서 Let's[Let us] ~는 1인칭·3인칭의 '명령형'으로 사용하여 〈권유〉·〈명령〉·〈가정〉·〈허가〉 등을 나타낸다.

 CONVERSATION 실전에 활용하는 다이얼로그

A: Why don't we go to the cafe?
B: Why not?

A: 카페에 가지 않을래요?
B: 좋아요.

A: Let's go for a drive.
B: Sounds like fun.

A: 드라이브 가요!
B: 재미있겠네요.

Usage

주로 상대방의 말에 '동조'를 피력하는 말을 할 때 '~한 것 같이 들리다'라는 뜻으로 〈It sounds like that ~〉 혹은 〈That sounds like that ~〉과 같은 패턴 문형이 활용된다.
구어에서는 관용적으로 〈Sounds like ~(~한 것 같아요)〉라는 문형을 활용하는데 뒤에 주로 '형용사 상당어구'가 따라오며 명사가 오기도 한다.

· Sounds like another all-nighter. 야근하게 생겼네요.
· Sounds like a hefty snack. 간식이 푸짐하겠네요.

BASIC EXPRESSIONS 영어로 말해 봐!

☆ 도서관에 가지 않을래요?

와이   돈   위   고   투   더   라이브러리
Why don't we go to the library?

☆ 소풍 가지 않을래요?

와이   돈   위   고   오너   피크닉
Why don't we go on a picnic?

☆ 카페에 가지 않을래요?

와이   돈   위   고   투   더   캐페이
Why don't we go to the cafe?

☆ 영화 보러 가지 않을래요?

와이   돈   위   고   투   더   무비즈
Why don't we go to the movies?

☆ 쇼핑하러 가시 않올래요?

와이   돈   위   고   샤핑
Why don't we go shopping?

☆ 캠핑 가지 않을래요?

와이   돈   위   고   캠핑
Why don't we go camping?

☆ 낚시하러 가는 건 어때요?

하우   어바웃   고잉   피싱
How about going fishing?

☆ 스키 타러 가요!

레츠   고   스키잉
Let's go skiing.

☆ 드라이브하러 가요.

레츠   고   훠러   드라이브
Let's go for a drive.

☆ 산책하러 가요.

레츠   고   훠러   웍
Let's go for a walk.

☆ 공원에 가요.

레츠   고   투   더   파크
Let's go to the park.

- library 도서관
- cafe 카페
- movie 영화
- shopping 쇼핑
- camping 캠핑
- park 공원
- go on a picnic 소풍 가다
- go for a drive 드라이브하다
- go for a walk 산책하러 가다

 회화를 위한 영문법

1. Why don't we ~?

Why don't you ~?와 마찬가지로 '~하는 게 어때요? / ~하지 않을래요?'라고 권유하는 표현이다.

2. for a drive / for a walk

for a drive라는 표현은 '(잠시) 드라이브하러', for a walk는 '(잠시) 산책하러'라는 뜻으로 쓰인다.

3. Let's go ~

'(우리) ~하러 갑시다.'라고 제안하는 표현이다.

〈How about ~?〉이라는 문형 다음에는 주로 물건을 제안할 경우에는 '명사'가 오며, 어떤 동작이나 행위를 제안할 경우에는 〈동사 + ing〉을 쓴다.
'~하러 가자.'고 제안할 경우에는 〈going + 명사 상당어구(~하러 가는 것)〉로 관용적으로 표현하곤 한다.

- go fishing 낚시하러 가다   *무관사에 유의
- go shopping 쇼핑하러 가다
- go bowling 볼링 치러 가다
- go hunting 사냥하러 가다

Unit 2 주의를 요청할 때

다급한 상황에서 주의하라고 요청할 경우에는 〈Be + 형용사〉를 활용하여 명령형으로 표현하게 되는데 그 밖에도 〈일반동사 + 명사〉를 활용한 명령형도 널리 사용된다.
간접적이고 다소 우회적으로 표현할 때는 〈I hope ~〉, 〈You should ~〉, 〈You had better ~〉 등과 같은 문형을 활용하면 된다.

 **CONVERSATION** 실 전 에 활 용 하 는 다 이 얼 로 그

A: **Be careful with the baby.**
B: **Don't worry.**
A: 아기 조심해요!
B: 걱정하지 마.

A: **Don't lose it.**
B: **I know.**
A: 그거 잃어버리지 마세요.
B: 나도 알고 있어요.

Usage

영어회화에서는 상대방에게 단도직입적으로 '충고'나 '주의'를 줄 때 〈Don't + 일반동사 ~(~하지 마라.)〉라는 패턴 문형도 널리 활용된다. 가령, 누군가 거짓말을 했다면 Don't lie to me!(나한테 거짓말하지 마라!)라고 표현할 수 있으며, 또 누군가 감기에 걸렸다면 Don't give it to me.(나한테 옮기지 마라.)처럼 말할 수도 있을 것이다.

- Don't cover it up. 그걸 은폐하지 마라.
- Don't rub it in. 자꾸 건드리지 마라. *rub in 자극하다, 긁다
- Don't throw it away. 그걸 버리지 마라.
- Don't take it out on me. 나한테 화풀이하지 마라.
- Don't take it so seriously. 그걸 심각하게 받아들이지 마라.

BASIC EXPRESSIONS  영 어 로 말 해 봐 !

☆ 조심하세요! / 주의해 주세요!

비　　케어플
Be careful.

☆ 아기한테 조심해 주세요!

비　　케어플　　윗더　　베이비
Be careful with the baby.

☆ 다치지 않도록 조심하세요!

비　　케어플　　낫　투　겟　허트
Be careful not to get hurt.

☆ 주목하세요. / 집중하세요.

페이　　어텐션
Pay attention!

☆ 그거 잃어버리지 마세요!

돈　　루즈　잇
Don't lose it.

☆ 신중하게 하세요. / 조심해서 처리하세요!

두　잇　　케어플리
Do it carefully.

☆ 낯선 사람을 조심해라.
　　와치　아웃　훠　스트레인져스
　Watch out for strangers.

☆ 차를 조심하세요!
　　와치　훠　카즈
　Watch for cars.

☆ 머리를 조심하세요!
　　와치　유어　헤드
　Watch your head.

☆ 발 조심하세요. / 바닥을 조심하세요!
　　와치　유어　스텝
　Watch your step.

☆ 아직도 뜨거워요.
　　잇츠　스틸　핫
　It's still hot.

☆ 엎지를 것 같아요.
　　유　마잇　스피릿[스필잇]
　You might spill it.

- careful 조심하는
- baby 아기
- get hurt 다치다, 부상당하다
- lose 잃다
- stranger 낯선 사람
- still 여전히, 아직
- hot 뜨거운
- spill 엎지르다, 흘리다

 회　　화　　를　　위　　한　　영　　문　　법

1. Pay attention!

이 표현은 Look at me. I'm talking to you.(여길 봐. 얘기하고 있잖아!)라는 뜻을 내포하고 있다.

2. Don't lose it.

여기서의 표현은 어떤 물건 따위를 잃어버리지 말라는 뜻으로, '기억하다, 잊지 마라'의 표현인 Have this in mind. / Keep this in mind. / Bear this in mind.(이걸 잊지 마라.)와는 다른 표현이므로 혼동하지 않도록 주의하자.

3. Watch for cars.

'차를 조심해서 봐라.'라는 표현으로 Watch out for cars. / Look out for cars.라고도 활용된다.

예 Watch your head.(머리 위를 조심하세요.) / Watch your step.(바닥을 조심하세요.)

주의를 요청할 때는 일반적으로 be careful, watch out, look out 등의 표현이 활용되는데, be careful은 상대방에게 주의를 환기시킬 때 '주의하다, 조심하다'의 미래적인 개념이 강한 반면, watch out과 look out은 현재 시점에 초점을 두어 현장성 혹은 즉시성에 중점을 두고 있음에 유의해야 한다. 〈Be careful with ~〉의 문형은 뒤에 구체적인 대상(사람이나 물건)을 덧붙여 주면 되며, 〈Be careful of ~〉, 〈Be careful about ~〉라는 패턴 문형과 유사하게 쓰일 수 있다. 반면에 〈Be careful to ~〉의 문형에서는 '동사원형'을 사용하므로 구체적인 행위나 행동을 덧붙여주면 된다.

- 〈Be careful with ~〉의 패턴 문형
  - Be careful with that glass vase.
  - Be careful with the fire.
- 〈Be careful to ~〉의 패턴 문형
  - Be careful to drive safely.
  - Be careful to warm up slowly.

Unit 3 경고나 주의를 줄 때

주의를 줄 경우에는 직접적인 명령문을 활용하여 3가지 방법으로 표현할 수 있다. 〈be동사 + 형용사〉, 〈일반동사의 원형 + 목적어(명사 상당어구)〉, 〈Don't + 일반동사〉 등과 같이 말할 수 있는데 비교적 단도직입적인 표현이므로 손윗사람에게는 쓰지 않는 편이 좋다.
I hope ~이나 You should ~, You had better ~와 같은 표현을 사용하면 다소 온건하게 표현할 수 있다.

 CONVERSATION 실 전 에 활 용 하 는 다 이 얼 로 그

A: Stay here.
B: OK.
A: 여기 있어 봐요.
B: 알았어요.

A: Don't move!
B: Don't surprise me.
A: 움직이지 마!
B: 놀라게 하지 좀 말아요!

Usage

상대방이 너무 서두르거나 신중하지 못할 경우에 Easy does it. 혹은 Take it easy. / Calm down.이라는 표현을 활용하는데 가령, 일을 지나치게 빨리하여 불안할 때 관용적으로 Don't hurry up the cakes.라는 표현을 즐겨 쓴다. 반대로 서둘러야 하는 경우에 활용하는 표현도 있다. 교과서에 나왔던 Hurry up, or you will be late.라는 표현이 대표적이며, 다음과 같은 표현도 알아두자.

♣ 서둘러 주세요!

- Step on it!
- Be quick!
- Get a move on. *Move it.
- Snap to it. *관용 표현

☆ 가만히 좀 있어요. / 움직이지 마세요.

Be still.
= Stand still.

☆ 잠시만이라도 가만히 좀 있어요.

Be still for a little while.

☆ 거리에 나가지 마세요!

Don't go in the street!

☆ 움직이지 마세요! / 꼼짝하지 마세요.

Don't move!
＊관용 표현인 Freeze!와 같은 의미이다.

☆ 여기서 기다려주세요. / 잠시만 계세요.

Stay here.

☆ 돌아다니지 마세요!

Don't walk around.

☆ 그거 손대지 마세요! / 건드리지 마세요!
Don't touch it.
돈 터치 잇

☆ 너무 밟지 마세요! / 속력 좀 줄여주세요!
Don't step on it!
돈 스텝폰닛

☆ 진정하세요!
Calm down.
캄 다운

☆ 그냥 놔두세요! / 제발 내버려 두세요.
Leave it alone.
리브 잇 얼로운

☆ 원래대로 해 놓으세요! / 원상태로 돌려놓으세요.
Put it back.
푸릿 백

- still 움직이지 않는
- for a little while 잠시 동안
- street 거리, 도로
- move 움직이다
- stay 기다리다, 머물다
- walk around 돌아다니다
- touch 만지다
- step on 밟다
- calm down (기분을) 가라앉히다

 CHECK-POINT 회　화　를　위　한　영　문　법

1. Don't step on it!

이 표현은 Step on it!(서둘러! / 속력을 내래!)이라는 관용 표현과 반대 의미로, '속도를 늦추어라'는 의미로 쓰인다.

2. Leave it alone.

유명한 팝송에서 나오는 Let it be.와 같은 개념으로써 〈Leave ~ alone!〉은 '~을 그대로 놔두다'라는 의미의 패턴이다. 따라서 Leave me alone.이라고 하면 '나 좀 혼자 있게 내버려 둬.'라는 의미가 된다.

3. Put it back.

〈put ~ back〉은 '~을 원래대로 되돌리다'라는 숙어 표현이다.

stay라는 동사는 '머무르다, 남다'의 의미로 쓰인다. Stay here!라는 표현은 본래 Stay here for a moment.에서 유래된 표현이며 Please wait here.로 대체해도 무방하다.
I have enjoyed my stay here.라는 표현은 I have enjoyed staying here.라고 표현할 수도 있다.

- Stay calm! 침착하세요!
- Stay cool! 냉정하세요!

Unit 4 주의를 환기시킬 때

조동사 might는 동사 앞에 붙어 '~할지도 모르니까 조심하라'는 부정적인 일을 염려하는 뜻을 나타낸다. might는 조동사 may의 과거형이기도 하지만 미래를 예측할 때 may보다 더 높은 가능성을 의미하기도 한다. 가령, It might rain.(비가 올 확률이 높아요.)처럼 활용하면 된다.
미래의 불확실한 추측을 나타낼 때는 무조건 〈You might ~ (당신은 ~일지도 모른다)〉라는 패턴 문형을 활용한다고 생각하자.

CONVERSATION 실 전 에 활 용 하 는 다 이 얼 로 그

A: You might put on weight.
B: Leave me alone.

A: 살쪄요.
B: 날 그냥 좀 놔둬요.

A: You might lose it.
B: Don't worry.

A: 잃어버릴지도 모르니까 조심해요.
B: 걱정하지 마세요.

Usage

Don't worry.는 상대방의 염려에 대해 안심을 시켜주는 표현으로 쓰이기도 하지만 반어적으로 "별 걱정을 다하세요."라는 뉘앙스의 표현으로도 사용된다. 가령, 친한 친구가 걱정이나 고민이 있어 보일 때, What's eating you?(무슨 고민거리가 있어요?)라고 물으면 Don't worry (about it).라고 응답할 수 있다.

- Never mind. 신경 쓰지 마세요.
- Don't mind me. 내 걱정은 하지 마세요.
- Don't disturb yourself. 상관하지 마세요.

 **BASIC EXPRESSIONS** 영 어 로 말 해 봐 !

☆ 치아가 썩을지도 몰라요.
　　유　　마잇　　게러　　캐버티
You might get a cavity.

☆ 살찔지도 몰라요.
　　유　　마잇　　푸론　　썸　　웨잇
You might put on some weight.

☆ 미끄러지니까 조심해요.
　　유　　마잇　　슬립
You might slip.

☆ 다치니까 조심해요.
　　유　　마잇　　겟　　허트
You might get hurt.

☆ 손 끼니까 조심해요.
　　유　　마잇　　핀치　　유어　　핸드
You might pinch your hand.

☆ 손가락 끼니까 조심해요.
　　유　　마잇　　핀치　　유어　　핑거
You might pinch your finger.

☆ 길을 잃을지도 몰라요.

_{유 마잇 겟 로스트}
You might get lost.

☆ 배가 아플지도 몰라요.

_{유 마잇 게러 스터먹에익}
You might get a stomachache.

☆ 감기에 걸리지도 몰라요.

_{유 마잇 캐치 어 콜드}
You might catch a cold.

☆ 잃어버릴지도 모르니까 조심해요.

_{유 마잇 루짓}
You might lose it.

☆ 쏟을지도 모르니까 조심해요.

_{유 마잇 스피릿}
You might spill it.

 WORDS

- put on (체중 등을) 늘리다
- weight 체중
- slip 미끄러지다
- get hurt 상처를 입다
- pinch (두 물체 사이에) 끼다
- hand 손
- finger 손가락
- stomachache 복통
- catch a cold 감기에 걸리다
- lose 잃다
- spill 쏟다, 흘리다

 회화를 위한 영문법

1. might

'~할지도 모른다'는 의미의 조동사이므로 주로 '조심하라'고 경고할 때 쓰인다.

2. get a cavity

숙어 cavity는 '충치의 구멍'이므로 '이가 썩는다'는 의미가 된다.

3. get lost

숙어 '길을 잃다'라는 표현이다.

간접화법으로 may의 과거형인 might를 사용하여 불확실한 추측을 나타내며 명확한 판단을 유보하려는 경향을 나타낸다. 가령, You might be right. 라는 표현은 "네가 옳을지도 모른다."라는 뜻으로 쓰여 '틀릴 여지도 있다'는 의미를 내포하고 있다.

😀 You might ~ : 당신은 ~일지도 모른다
- You might have to wait a while. 좀 기다려야 할지도 몰라요.
- You might not want to do that. 그렇게 하고 싶지 않을지도 몰라요.

😀 You might as well ~ : 당신은 ~하는 편이 낫겠다
- You might as well relax. 쉬는 편이 좋겠어요.
- You might as well just say it. 그냥 그걸 얘기하는 편이 나을 거예요.

Unit 5 조용해 달라고 요청할 때

소란을 피우거나 거친 행동을 하는 사람에게 주의를 환기시켜 주는 표현법이다. 직접적인 명령형은 다소 조심스럽게 사용해야 하며, 좀 부드럽게 부탁을 표현하고 싶으면 뒤에 please를 덧붙여주면 된다.
선생님이 학생들에게 말할 경우에는 Look at me!(여기 보세요.)나 Pay attention!(주목하세요.)과 같은 말로 요구할 수도 있을 것이다.

A: Don't be so noisy.
B: Oh, sorry.

A: 시끄럽게 하지 마세요.
B: 아, 미안해요.

A: Can you hear me?
B: I can hear you.

A: 제 말 들려요?
B: 예, 들려요.

Usage

어떤 한정된 공간에서 너무 시끄러울 때 How noisy!(너무 시끄럽군요!)라는 표현을 사용한 다음에 Don't be so noisy.라고 덧붙여주면 된다.
〈Don't be + 형용사 ~〉의 패턴 문형은 '형용사'뿐만 아니라 '명사 상당어구'도 가능하며, 만능 표현으로 편리하게 사용될 수 있는 표현이다.

- Don't be rude! 무례하게 굴지 마세요. / 버릇없이 굴지 마세요.
- Don't be silly! 바보 같이 굴지 마세요. / 바보 같은 소리하지 마세요.
- Don't be angry! 화내지 마세요.
- Don't be depressed! 낙담하지 마세요.
- Don't be afraid! 겁먹지 마세요.
- Don't be so sad! 너무 슬퍼하지 마세요.

 BASIC EXPRESSIONS 영 어 로 말 해 봐 !

☆ 쉿! / 조용!
　　　허쉬
Hush!

☆ 조용히 하세요!
　　비　　콰이엇
Be quiet.

☆ 조용히 좀 하세요!
　　킵　　　콰이엇
Keep quiet.

☆ 조용히 해라! / 입 좀 닥쳐!
　　　셔럽
Shut up!

☆ 말하지 마세요! / 조용히 하세요!
　　돈　　톡
Don't talk.

☆ 말 좀 그만하세요! / 떠들지 마세요!
　　스탑　　토킹
Stop talking.

☆ 너무 시끄럽게 하지 마세요!
돈 비 쏘 노이지
Don't be so noisy.

☆ 당신 말 들려요. / 조용하게 말하세요!
아이 캔 히어 유
I can hear you.

☆ 문 좀 조용하게 닫아 주세요.
셧 더 도어 콰이엇리
Shut the door quietly.

☆ 조심스럽게 다뤄 주세요.
핸들릿 젠늘리[젠틀리]
Handle it gently.

☆ 부드럽게 좀 해 주세요.
쏩틀리
Softly.

- quiet 조용한, 고요한
- keep ~을 계속하다
- shut 닫다
- noisy 시끄러운
- hear 듣다
- quietly 조용히
- gently 조심스럽게, 부드럽게

CHECK·POINT 회 화 를 위 한 영 문 법

1. Hush!

집게손가락을 입술에 대고 "쉿!"하는 표현이다.

2. Shut up!

아주 난폭한 말투이므로 상대에 따라 조심해서 사용해야 한다.

3. I can hear you.

"그렇게 시끄럽게 말 안 해도 들려요."라는 뉘앙스의 표현으로, '나 귀머거리 아니에요.'라는 뜻이다.

이웃끼리 소음으로 인하여 충돌을 빚을 때가 있는데 이럴 때 다소 정중하게 요청할 경에는 Do you mind keeping it down, please?라고 표현할 수 있을 것이다. 너무 시끄러울 경우에는 If you keep this up, I will call the police.(계속 이러면, 경찰을 부르겠어요.)라고 경고의 메시지를 줄 수도 있다.

· Stop your jaw!
· Hold your jaw!
· So's your old man! ※늙으면 말을 많이 하니까 '시끄럽다'는 뜻

Unit 6 위험을 경고할 때

금지형의 '경고'를 나타내는 표현은 〈Don't + 동사원형 ~〉이나 〈No + 명사 ~〉를 활용하면 된다. No crossing(횡단 금지) / No smoking(흡연 금지) / No parking(주차 금지) 등 따위도 〈주의〉 표현으로 활용된다.
관용적으로 '금지'를 나타낼 경우에는 Enough that. / Stop it. / Quit it. / Wait up. 따위가 "그만두세요."라는 뜻으로 사용된다.

A: Don't eat it.
B: What do you mean?

A: 그거 먹지 마세요!
B: 무슨 말이에요?

A: Don't push me.
B: I didn't!

A: 저를 밀지 마세요!
B: 안 그랬는데요.

Usage

상대방이 〈Don't + 동사 ~〉의 문형으로 금지를 요청할 경우에 응답 표현으로 I can't catch your words.(당신 말을 이해하지 못하겠어요.) / What do you mean?(도대체 무슨 말이야?) / What are you doing that for?(왜 그래야 하죠?) 등의 표현을 쓸 수 있으며, 이 표현들은 "왜? / 무엇 때문에요?"라는 뉘앙스를 풍기는 표현이다.

- Why is that?
- What for?
- How so? *How come?

 영 어 로 말 해 봐 !

☆ 위험해요! / 조심하세요!

록　　아웃
Look out!

☆ 위험해요! / 조심하세요!

와치　　아웃
Watch out!

☆ 그만두세요!

스탑
Stop!

☆ 그거 그만두세요!

스탑　댓
Stop that!

＊ Stop it!도 같은 표현이다.

☆ 안 돼!

노
No!

＊ No way! 절대 안 돼!

☆ 그렇게 하지 마세요. / 그것 좀 하지 마세요.

돈　두　댓
Don't do that.

☆ 주의하세요! / 경솔하게 굴지 마세요.
Don't be careless.
_{돈   비   케얼러스}

☆ 밀지 좀 마세요!
Don't push me.
_{돈   푸쉬   미}

☆ 던지지 마세요!
Don't throw it.
_{돈   쓰로우   잇}

☆ 만지지 마세요!
Don't touch it!
_{돈   터치   잇}

☆ 그거 먹지 마세요!
Don't eat it.
_{돈   이릿}

- stop 그만두다
- careless 부주의한
- push 밀다
- throw 던지다
- touch 만지다
- eat 먹다

CHECK-POINT 회 화 를 위 한 영 문 법

1. Look out! / Watch out!

"위험해!"하고 경각심을 일깨우는 표현이다.

2. Don't be careless.

직역하면 '부주의하지 않도록 하라!'는 뜻으로 "주의하세요."라는 표현이다.

3. Don't push me.

〈Don't + 동사원형 ~〉은 금지를 나타내는 경고의 표현법이다.

일반적으로 주의나 금지를 나타내는 동사를 활용하여 직접적으로 표현하기도 하지만 〈Don't + 동사원형 ~〉의 패턴 문형으로 표현하면 '금지'나 '주의'를 요구하지만 그다지 강압적이지는 않은 어투이다.
상대의 구체적인 행위를 금지하는 표현이며 대부분의 경우 행동을 저지하는 구체적인 이유인 위험 요소가 존재함을 암시하고 있다.

· Don't move! ＊Freeze! / Do not stir a step! / Stay put.
· Don't say it. ＊Don't talk to me like that. / Be quiet.

Unit 7 재촉하거나 종용할 때

시간이 없으므로 "서둘러 주세요."라고 재촉하는 표현이다. 직접적으로 표현하는 Hurry up!도 있고 부사만으로 표현한 Quickly!, 그리고 '시간이 없다'고 하는 We have no time.도 있다. 비슷한 표현으로 We don't have much time.이라고 해도 무방하다. 이런 표현 앞에 Can you help me? / Give me a hand.(나 좀 도와줘.)라고 도움을 요청하는 표현을 덧붙일 수도 있을 것이다.

A: Are you ready?
B: Almost!
A: Hurry up! We have no time.

A: 준비 다 되었어요?
B: 거의 다 됐어요.
A: 서둘러요! 시간 없어요.

A: Walk faster.
B: I'm exhausted.

A: 더 빨리 걸어요.
B: 나 완전 지쳤어요.

Usage

주로 '지치다, 피곤하다'라는 표현은 tire, exhaust라는 동사를 이용하는데 형용사형은 -ed를 덧붙여 tired, exhausted로 사용한다. 따라서 상대방이 You look tired.(피곤해 보여요.)라고 말했을 때 "저는 지쳤어요."라는 의미로 다음과 같이 답하면 된다.

- I'm exhausted.
- I'm tired.
- I'm worn out.

 영 어 로 말 해 봐 !

☆ 서둘러 주세요!

Hurry up!
허리 업

☆ 빨리 좀 해 주세요!

Quickly!
퀵클리

☆ 빨리 가 주세요!

Go quickly.
고 퀵클리

☆ 빨리 와 주세요!

Come quickly.
컴 퀵클리

☆ 빨리 해 주세요!

Do it quickly.
두 잇 퀵클리

☆ 지금 당장 해 주세요!

Do it right now.
두 잇 롸잇 나우

☆ 시간이 다 됐어요.
　　　타임　이즈　업
Time is up.

☆ 시간이 없어요.
　　위　해브　노　타임
We have no time.

☆ 이미 늦었어요.
　　위　아　올레디　·래잇
We are already late.

☆ 지각하겠어요.
　　윌[위을]　비　래잇
We'll be late.

☆ 좀 더 빨리 걸어요!
　　워크　패스터
Walk faster.

- hurry up 서두르다
- quickly 빨리
- already 벌써, 이미
- late 늦은
- walk 걷다
- faster 더 빨리 *fast의 비교급

CHECK-POINT 회화를 위한 영문법

1. right now

'지금 당장'이라고 재촉하는 뉘앙스인데 now보다는 상황이 더 급박한 느낌이다.

2. Time is up.

약속하거나 정해진 시간이 모두 완료되어 끝났음을 표현하는 말인데 The time has come.(드디어 때가 왔다.)과 같이 어떤 시점이 되었음을 주지시킬 때 활용된다.

3. We'll be late.

주어가 여러 명이 아니라 '한 명'인 경우에는 You'll be late.가 된다.

You'll be late.(당신은 늦었을 거예요.)라는 표현은 '지각이다'라는 뉘앙스가 풍기는 표현법이다. 또한 누군가가 I'm late already.(이미 늦었어요.)라고 했다면 부사인 already에 실망의 어감이 내포되어 있음을 직감할 수 있다.

- I'm late for work. 회사에 지각이에요.
- The train was 45 minutes late. 기차가 45분 연착했어요.
- Don't be late. 늦지 마세요. / 지각하지 마세요.

Unit 8 신중하라고 권유할 때

'신중하다'라는 표현은 careful, deliberate, prudent, discreet, measured 등의 형용사를 주로 사용한다. '침착하다'는 숙어로 cool as a cucumber(오이처럼 냉정한)라고 표현하기도 하는데 관용적으로 Keep a stiff upper lip. / Make it a point to play it cool anytime.(항상 침착하게 행동하라.)이라는 표현도 즐겨 쓴다.

 CONVERSATION 실 전 에 활 용 하 는 다 이 얼 로 그

A: Think twice before you do it.
B: I will.

A: 잘 생각한 뒤에 행동해라.
B: 그럴게요.

A: Watch out for him.
B: What's the matter?

A: 그 사람 조심해요.
B: 뭐가 문제인데요?

Usage

어떤 충고나 제안을 받아들일 때 수긍하는 응답으로 구어에서는 I will.(그럴게요.)을 즐겨 쓰는 편인데 수락하거나 동의할 때의 "물론입니다. / 그러세요."라는 표현인 Of course. / With pleasure.(= My pleasure.) / Be my guest.와는 전혀 다른 표현이다.
다음과 같은 표현은 모두 I will.로 축약하여 응답할 수 있는 표현들이다.

- I'll see. 생각해 볼게요. / 제가 알아볼게요.   • I'll get it. 제가 살게요.
- I'll take it. 제가 가져갈게요.

☆ 침착하세요. / 진정하세요.
캄 다운
Calm down.

☆ 침착하게 잘 생각하세요.
캄 다운 앤 씽크 케어플리
Calm down and think carefully.

☆ 신중하게 생각하세요. / 네가 어디 있는지를 생각해 보세요.
씽커바웃 웨어 유 아
Think about where you are.

☆ 잘 생각한 뒤에 행동하세요.
씽크 트와이스 비훠 유 두 잇
Think twice before you do it.

☆ 아주 신중하게 해야 돼요. / 정말 조심하세요.
유 캔- 비 투 케어플
You can't be too careful.

☆ 규칙을 따라주세요.
팔로우 더 룰스
Follow the rules.

☆ 행동을 조심하세요. / 나이에 맞게 행동하세요.

액트 유어 에이지
Act your age.

☆ 말조심하세요. / 입조심하세요.

와치 유어 텅
Watch your tongue.

☆ 그 사람을 조심하세요.

와치 아웃 훠 힘
Watch out for him.

☆ 믿으면 안 돼요!

돈 트러스트 잇
Don't trust it.

☆ 자존심을 가지세요. / 자존심을 지키세요.

리스펙트 유어쎌프
Respect yourself.

- calm down 냉정해지다, 침착하다
- think 생각하다
- carefully 주의 깊게
- where you are 당신이 있는 장소
- follow 따르다
- rule 규칙
- watch out 경계하다
- trust 신뢰하다
- respect 존경하다
- yourself 당신 자신

 CHECK-POINT 회 화 를 위 한 영 문 법

1. Think twice before you do it.

직역하면 "행동하기 전에 두 번 생각해."라는 뜻으로 '신중히 생각하라.'는 의미이다. 이 표현은 Play it cool.이라는 표현으로 대체해도 무방하다.

2. You can't be too careful.

상대방에게 '아무리 조심해도 지나치지 않는다.'라는 의미로 "조심하세요."라는 말을 강조하는 표현이다.

3. Act your age.

상대방이 다소 유치한 행동이나 말을 할 경우에 '나이에 걸맞게 행동해라.'는 말은 "나이 값 좀 하세요."라는 뉘앙스의 표현이다.

4. Watch your tongue.

직역하면 "너의 혀를 조심해라."인데 "말조심 하라."는 의미의 영어다운 표현이다.

어른들은 아이들에게 책임감 있고 분별 있게 행동하라고 충고할 때 Behave yourself.라는 표현을 즐겨 쓰는데 Clean up your act.(행동을 조심해라.)라는 표현도 유사하게 활용된다. 남자 아이에게는 Behave like a man.(남자답게 행동하세요.)라는 충고를 할 수도 있을 것이다.

- Behave or I will hurt you. 조심하지 않으면 다쳐요.
- Behave yourself or I'll tell your father.
  착하게 행동하지 않으면 아빠한테 이를 거야.
- You behave yourself, or I won't let you out.
  착하게 굴지 않으면 밖에 못나가게 할 거야.

Unit 9 서두르지 말라고 충고할 때

'서두르지 마라'는 표현은 Steady! / Don't rush! / Don't hurry! / Go easy! 따위와 같은 표현이 사용되는데 "천천히 해라."라는 표현인 Take your time.이라는 표현도 유사하게 활용된다. 또한 Easy does it.처럼 표현해도 무방하다.
채근담에 보면 '단번에 높은 곳에 못 오르듯이 모든 일은 순서에 따라 차근차근 해야지. 서두르면 반드시 실패로 돌아간다.'라는 말이 있다.

 **CONVERSATION** 실 전 에 활 용 하 는 다 이 얼 로 그

A: Take your time.

B: Thank you.

A: 천천히 하세요.
B: 고마워요.

A: Hurry up.

B: We have enough time.

A: 서둘러요.
B: 아직 시간 있어요.

Usage

'충분한 시간(시간이 충분하다)'이라는 표현은 enough time, ample time, sufficient time 등과 같이 활용되는데 We have enough time.이라는 표현은 Time is enough. / We have plenty of time.처럼 활용되기도 한다.

- It is just not enough time. 시간이 충분하지는 않아요.
- There was ample time to get to the airport. 공항에 갈 시간은 충분합니다.
- We've got plenty of time; there's no need to rush.
  시간이 충분하니까 서두를 필요 없어요.

 **BASIC EXPRESSIONS** 영 어 로 말 해 봐 !

☆ 기다려 주세요.

　　　웨잇
　Wait.

☆ 좀 기다려 주세요!

　　　웨잇　　훠　　미
　Wait for me.

☆ 잠시만 기다려 주세요!

　　　웨잇　　훠러　　리를　　와일
　Wait for a little while.

☆ 조금만 기다려 주세요!

　　　웨잇　　틸　　레이러
　Wait till later.

☆ 천천히 하세요.

　　　슬로우　　다운
　Slow down.

☆ 서두르지 마세요./ 진정하세요.

　　　캄　　다운
　Calm down.

　　＊ Take it easy. / Chill out.과 유사한 표현이다.

☆ 여기서 기다리세요. / 여기 잠깐 계세요.

스테이　히어
Stay here.

☆ 서두르지 마세요. / 여유 있게 하세요.

테이큐어　　타임
Take your time.

※ 식사나 음식 따위를 "천천히 드세요."라고 할 때도 사용된다.

☆ 우린 서두르지 않아요.

위　아　낫　이너　허리
We are not in a hurry.

☆ 서두르지 않아도 돼요.

유　돈　햅터　허리
You don't have to hurry.

☆ 아직 시간 있어요.

위　해브　이너프　타임
We have enough time.

WORDS

- wait 기다리다
- a little while 짧은 시간
- slow down 천천히 하다
- calm down 침착하다
- stay 있다, 머물다
- in a hurry 서둘러
- hurry 서두르다
- enough time 충분한 시간

CHECK-POINT 회화를 위한 영문법

1. Wait.

Wait a minute.이나 Wait a moment.이 축약된 표현으로 여기서는 Just a second. / Just a moment.(잠깐만요!)와 같은 의미의 표현이다.

2. Stay here.

직역하면 "여기에 있어라."는 말은 Stay here for a moment.처럼 '여기서 잠시 기다려라.'는 의미이다.

3. Take your time.

'천천히 시간을 들이다.'라는 표현은 '시간을 가지고 여유롭게 대처하자'는 뜻이다.

Calm down.은 slow down(속도를 늦추다, 톤을 낮추다, 흥분을 가라앉히다)의 뜻과 마찬가지로 '서두르지 마세요.'라는 의미로 쓰였으며, 그 밖에도 "진정해라, 냉정해라, 신중해라."는 뜻처럼 다양한 의미를 내포하고 있다.
참고로 전화 통화 시 상대방에게 '잠시 기다려 주세요.'라고 말할 때는 다음과 같은 표현도 무방하다.

- Give me a second.
- Hold on, please. / Hang on, please. ＊전화상의 표현법
- Hold your horses.

Unit 10 순서나 차례를 정할 때

게임을 하거나 놀이기구를 탈 때와 같은 상황에서는 서로 순서와 질서를 지켜야 된다. 몰래 새치기를 하는 사람도 있는데 '새치기하다'는 cut in이라고 표현한다.
영어로 '순서'나 '차례'를 order 혹은 turn이라고 표현하는데 "당신 차례입니다."라는 표현은 It's your turn.이며, "제 차례입니다."는 It's my turn.이라고 표현한다.

 **CONVERSATION** 실전에 활용하는 다이얼로그

A: It's my turn.
B: No! It's my turn.

A: 제 차례예요.
B: 아니에요, 내 차례라구요.

A: Let's swing!
B: Take turns!

A: 그네 타자!
B: 차례차례, 타요! *차례를 지켜요.

Usage

go와 turn은 명사로 쓰여 규칙이나 룰에 의한 '차례'를 의미하는데 관용적으로 in turn(차례차례로)이라는 표현이 널리 활용된다. order는 영어로 '주문'이나 '명령'의 의미로도 쓰이지만 특정한 '순서'를 나타내기도 한다.

♣ **turn의 용법**: 차례나 순번을 말할 때

- When it's your turn, take another card.
  네 차례가 되면 카드를 한 장 더 가져가거라.

♣ **order의 용법**: 특정 순서를 말할 때

- The names are listed in alphabetical order.
  이름들은 알파벳순으로 나열되어 있다.

BASIC EXPRESSIONS 영어로 말해 봐!

☆ 차례를 지키세요. / 순서를 지키세요.
킵   유어   오더   플리즈
Keep your order, please.

☆ 순서를 정합시다.
렛츠 셋   디   오더
Let's set the order.
＊ Let's set a date. 날짜를 정합시다. / Let's try for next Sunday. 다음 일요일로 정합시다.

☆ 차례차례로 해요.
테익   턴스
Take turns.

☆ 내 차례예요.
잇츠 마이   턴
It's my turn.

☆ 누구 차례지요?
후즈   턴   이짓
Whose turn is it?
＊ 관용적으로 Whose go is it?이라고도 표현한다.

☆ 메리가 끝나면 다음은 당신 차례예요.
웬   메리 이즈 던   잇츠 유어 턴
When Mary is done, it's your turn.

☆ 언제 그녀로 바꿔 주나요?

웨니즈   허   턴
When is her turn?

☆ 싸우지 마세요!

돈   파잇
Don't fight.

☆ 당신 차례를 기다려 주세요.

플리즈   웨잇   유어   턴
Please, wait your turn.

☆ 당신 차례입니다.

잇츠   유어   턴
It's your turn.

＊ 그냥 Your turn.해도 되지만 You're up. / You're on next.라고 표현해도 된다.

WORDS

- order 순서, 차례; 주문
- my 내 ~, 나의 ~ *I의 소유격
- turn 순서, 차례
- fight 싸우다
- wait 기다리다

CHECK·POINT 회　화　를　위　한　영　문　법

1. Keep your order, please.

상대방에게 충고를 하는 표현으로, '(순서나 차례를) 지키다'라는 표현에 동사 keep을 사용하였다. wait for라는 동사구를 사용하여 Wait for your order, please.라고 말해도 무방하다.

2. Take turns.

숙어 '(순번이나 근무 따위를) 교대로 하다, 바꾸다'라는 의미이다.

3. When Mary is done, it's your turn.

〈When ~, it's ~〉로 '~했을 때, ~'라는 표현인데 여기서 turn은 '순서, 차례'를 의미한다. 만약 When is her turn?이라고 하면 "그녀의 차례는 언제인가요?"라는 의미가 된다.

상대방에게 '(약속이나 순서 따위를) 지키다'라는 표현을 할 때는 Keep your order, please. / Wait for your turn. / Defend the order.라는 표현을 활용하면 된다.
여기서 watch, keep, take, wait for 등의 서술어는 상대에게 '주의'를 시사하는 어감을 내포하고 있다.

- Watch your manners. 매너를 지키세요.
- Be sure to keep your appointment. 약속을 지키세요.
- You can keep it to yourself. 당신만 알고 있어요. / 비밀은 지켜 주세요.

Chapter

8

요구와 거절

상대방에게 무언가를 요구하거나 요청할 경우에는 다소 정중해야 하며,
또한 거절할 경우에도 구체적인 사유를 먼저 밝혀 주면 미안함이 줄어들게 된다.

Unit 1   기다려 달라고 양해를 구할 때

기다려 달라고 할 때 Wait for me.는 전혀 정중한 표현이 아니다. 앞에서 배운 것처럼 Would you wait for me?라고 하면 정중한 부탁이 된다. 전화상으로 기다려 달라고 할 때는 Hold the line. / Hold on, please. / Hang on, please.라고도 표현하지만 일반적인 상황에서는 Just a minute[moment], please.라고 말한다.

CONVERSATION 실전에 활용하는 다이얼로그

A: Move over there.
B: Wait a minute.

A: 저 쪽으로 옮겨 주세요.
B: 잠깐만요.

A: Let's go now.
B: In a little while.

A: 지금 갑시다.
B: 좀 있다가요.

Usage

let's는 let us의 축약형으로 제안이나 권유를 할 경우에 〈Let's + 동사원형 ~(~합시다, ~하실래요.)〉으로 활용되는데 How about ~? / Shall we ~?로 대체하여 표현해도 무방하다.
〈Let's go ~(~ 갑시다, ~ 가실래요.)〉와 같은 표현의 응답 시 거절할 경우에는 No, I'm busy.나 No, I have another appointment.처럼 구체적인 '이유'를 제시하면 좋다.

- Let us go. 가게 해 주세요.
- Let us rather not do that. 그렇게 하지 맙시다.
- Let's take a ten-minute break. 10분간 휴식합시다.
- Let's go for a walk, shall we? 산책 가실래요?

BASIC EXPRESSIONS 영어로 말해 봐!

☆ 기다려 주세요. / 잠시만요.

웨잇
Wait.

☆ 좀 기다려 줘요.

웨잇 풔 미
Wait for me.

☆ 잠깐만 기다려 주세요.

져스터 미닛
Just a minute.

＊ Just a second. / Wait a minute.

☆ 조금만 기다려 주실래요.

웨이러 리를 와일
Wait a little while.

☆ 조금만 더 기다려 주세요.

웨이러 리를 롱거
Wait a little longer.

☆ 좀 있다가요.

이너 리를 와일
In a little while.

⭐ 지금 쓰고 있어요. / 사용 중이에요.

_{아임 유징 잇 나우}
I'm using it now.

＊ 화장실에서 '사용 중'이라는 표현은 Occupied라고 표현한다.

⭐ 끝날 때까지 기다려주시겠어요.

_{웨잇 언틸 아임 던}
Wait until I'm done.

⭐ 곧 끝나요. / 거의 다 되었어요.

_{아일 비 던 쑨}
I'll be done soon.

⭐ 오래 걸리지는 않아요.

_{잇 더즌 테익 롱}
It doesn't take long.

- a minute 1분
- a second 1초
- while 동안
- done 마치다, 끝나다 ＊do(하다)의 과거분사
- using 사용 중인
- until ~까지
- take (시간이) 걸리다, 소요되다
- long 긴(시간)

274 이보다 더 쉬울 순 없다

CHECK-POINT 회 화 를 위 한 영 문 법

1. Just a minute.

직역하면 "1분만 기다려요."인데 좀 기다리라고 할 때 쓰는 표현이다. minute 대신에 moment, second를 써도 좋다.

2. Wait until I'm done.

〈Wait until ~〉은 '~할 때까지 기다려 주세요.'라는 의미의 표현이다. 여기서 I'm done.은 '무언가를 끝마치다'는 표현으로써 음식이나 식사를 다 먹었을 때도 쓸 수 있는 표현이다.

3. It doesn't take long.

동사 take는 '(시간이) 소요되다, 걸리다'라는 표현에 사용되어 It doesn't take all that much time.이라는 뜻을 내포하고 있다.

말하는 사람의 미래 의지나 계획을 나타낼 때 〈I'll be ~(~할 예정이다)〉라는 패턴 문형을 활용한다. 부정형은 I won't go there.(거기 가지 않을 거야.)가 된다.

- I'll be back soon. 금방 돌아올게요.
- I'll be in Seoul at this time tomorrow. 내일 이 시간쯤이면 서울에 있을 거야.
- I won't be busy tomorrow. 내일은 바쁘지 않을 거예요.

Unit 2 시간적인 여유를 찾고자할 때

중요한 결정(decision)을 내릴 때 판단을 그르치지 않으려면 어느 정도 생각할 시간이 필요하다. 중요한 계약(contract)이나 상품 구매(purchase)일 경우 결정을 재촉 받더라도 심사숙고할(sleep on it) 시간을 갖고 대처해야 한다.
상대방이 너무 재촉할 경우에는 Don't hustle me. / Don't rush me.라는 말로 방어하는 표현을 구사할 필요가 있으며, Let's wait and see.(좀 더 두고 봅시다.)라는 표현도 유용하게 활용될 것이다.

CONVERSATION 실 전 에 활 용 하 는 다 이 얼 로 그

A: Can you make time to see me?
B: Let me think about it.

A: 저와 만날 시간 좀 내주시겠습니까?
B: 생각할 시간을 주세요.

A: If you please, come with me.
B: Give me some time.

A: 괜찮다면 같이 갑시다.
B: 시간을 좀 주세요.

Usage

상대방에게 무언가를 부탁하거나 요청할 때 〈Would you give me + 명사 상당어구 ~〉의 패턴 문형을 활용하곤 하는데 구어에서는 Would you를 생략하고 표현하는 것도 가능하고, give me를 gimmie로 표현하기도 한다. 도와 달라고 요청할 때 "좀 도와주시겠어요?"라는 표현은 Help me! / Give me a hand.(Gimmie a hand.)라고 하면 된다.

- Would you give me a hand?
- Would you do me a favor?
- Can I ask a favor of you? ＊May I ask a favor?

 **BASIC EXPRESSIONS** 영 어 로 말 해 봐 !

☆ 생각할 시간을 주세요.
렛 미 씽크
Let me think.

☆ 그것에 대해 생각할 시간을 주세요.
렛 미 씽커바우릿
Let me think about it.

☆ 그것에 대하여 생각해 봅시다.
아일 씽커바우릿
I'll think about it.

☆ 다시 생각해 볼게요. / 재고해 볼게요.
아일 씽킷 오버
I'll think it over.

☆ 하룻밤 정도 생각할 시간을 주세요.
렛 미 슬리폰잇
Let me sleep on it.

☆ 시간을 좀 주세요.
김미 썸 타임
Give me some time.

* Can you give me a moment?

일상영어회화 첫걸음 끝장내기 **277**

☆ 확실히는 모르겠어요.

아임　낫　슈어
I'm not sure.

＊ I'm not sure yet.

☆ 그건 어려운 문제군요.

댓쳐　　디피컬트　　프러블럼
That's a difficult problem.

☆ 생각이 안 나요. / 기억이 안 나요.

아이　캔－　리멤버
I can't remember.

☆ 설명하기가 어려워요. / 설명하기가 좀 곤란하군요.

잇츠　디피컬터　익스플레인
It's difficult to explain.

☆ 정확히 들어맞는 말이 안 떠올라요.

아이　캔－　씽콥　디　이그잭　워드
I can't think of the exact word.

WORDS

- think 생각하다
- give 주다
- sure 확실한
- difficult 어려운
- problem 문제
- remember 기억하다
- explain 설명하다
- exact 정확한

CHECK·POINT 회화를 위한 영문법

1. Let me think.

〈Let me + 동사원형 ~〉 문형으로 '제가 ~하겠다'라는 표현법이다.

2. think it over

숙어 다시 생각하다, 심사숙고하다, 검토하다

3. sleep on ~

숙어 '~을 하룻밤 자며 차분히 생각하다' 이 표현은 밤새 신중하게 검토하여 다음날까지 결정을 미루겠다는 뉘앙스가 담겨 있다.

외국인에게 무언가를 물어보고자 할 때 Excuse me just a minute, if you don't mind. 혹은 Let me ask you something.이라는 표현을 활용하는데 간혹 시간을 묻는 표현과 혼동하는 경우를 보게 된다. 이러한 표현은 Can I talk to you?(잠시 얘기 좀 나눌 수 있나요?)와 같은 뉘앙스의 표현이다.

💬 시간을 묻는 표현법: 몇 시입니까?

- What time is it?
- What time do you have?
- Do you have the time?

💬 실례를 구할 때의 표현법: 혹시 시간 있으세요? / 잠시 시간 좀 내주시겠어요?

- Do you have time for a moment?
- Do you have time?
- Are you free for a minute?
- You got a minute?

Unit 3 확신이 서지 않을 때

뭔가 부탁을 했는데 상대가 거절(decline)이 아니고 모호하게 미온적인(lukewarm) 반응을 보이면 사실 거절당한 것보다 더 난감할(bewildering) 수가 있다. 미온적인 승낙은 나중에 문제를 일으킬 소지가 있으므로 나름대로 대비를 해둬야 한다.
다소 불확실한 상황에서 사용할 수 있는 표현으로 I don't know. / I'm not sure. / I can't say. 등이 있다.

CONVERSATION 실전에 활용하는 다이얼로그

A: Please help me.
B: I'll think about it.
A: 제발 좀 도와주세요.
B: 생각해 볼게요.

A: How about his idea?
B: That's a difficult problem.
A: 그 사람의 아이디어는 어때요?
B: 어려운 문제네요.

Usage

다소 소극적으로 검토하거나 고려할 때 사용할 수 있는 표현으로 〈I'll think about ~〉 혹은 〈I'll think of ~〉의 패턴 문형이 있다. Let me think about it.은 I'll think about it.과 같은 표현이라고 볼 수 있다. 어떤 일이나 계획에 대한 것에는 think about(~에 대해 생각[고려]하다)를 사용하며, 특히 무언가 결정을 내리기 전에 '~을 심사숙고하다'하는 경우에는 think (something) over를 사용한다.

- Let me see it. 제가 한번 살펴볼게요.   · Let me take a look. 그냥 한번 볼게요.
- Let me think about it. 그걸 생각해 볼게요. ※검토

BASIC EXPRESSIONS 영 어 로 말 해 봐 !

☆ 뭐라고 할 말이 없네요. / 뭐라 말씀드릴 수가 없군요.

아이 캔- 쎄이
I can't say.

☆ 잘 모르겠어요. / 확실하지는 않군요.

아임 낫 슈어
I'm not sure.

※ 확신할 수는 없군요.

☆ 그렇게 해 볼게요. / 노력해 볼게요.

아일 트라이
I'll try.

※ "한번 해볼게요."라는 뉘앙스가 내포된 표현이다.

☆ 몰라요. / 모르겠어요.

아이 돈 노
I don't know.

☆ 아직 뭐라고 말 못하겠어요. / 아직 결정하지 못하겠어요.

아임 낫 슈어 옛
I'm not sure yet.

☆ 그건 어려운 문제군요. / 그거 어렵네요.

댓쳐 하드 원
That's a hard one.

☆ 생각할 시간을 주세요.

Let me think.

= Let me think of [about] it. 다시 생각해 봅시다.

☆ 하룻밤 정도 생각할 시간을 주세요.

Let me sleep on it.

☆ 시간을 좀 주세요.

Give some time.

= Give me some time.

☆ 결심이 안 서는군요. / 결정을 할 수가 없군요.

I haven't made up my mind.

WORDS

- problem 문제
- say 말하다
- sure 확실한
- try 시험하다
- know 알고 있다
- hard 어려운
- think 생각하다
- sleep on ~을 하룻밤 자며 생각하다

CHECK-POINT 회 화 를 위 한 영 문 법

1. I'll try.

직역하면 "해 보겠다, 시험해 보겠다."는 뜻으로 시도나 도전의 뉘앙스를 담고 있다. 구어에서 Try again. 하면 "다시 한번 해봐요."라는 뜻을 내포하고 있다.

2. Let me think.

〈Let me + 동사〉 문형으로 사역동사이므로 '내게 ~시키다' 즉, '내가 ~하겠다'라는 뜻으로 쓰여 구어에서는 겸손한 표현으로 활용된다.

3. made up my mind

숙어 make up one's mind는 숙어로서 '결심하다, 결정하다, 판단하다'의 뜻으로 사용된다.

대화 도중에 갑자기 답변이 생각 나지 않거나 모르는 질문을 받았을 경우에는 I'm sorry.라고 먼저 말한 다음, I don't know. / I have no idea. / I'm not sure. 따위를 덧붙여주면 된다. 또한 끝머리에 I don't know what to do.(어찌해야 할지 잘 모르겠어요.)라는 말을 해도 좋다. 그럼, 관용 표현을 익혀 보자.

- I'm lost.
- I'm confused.
- I'm puzzled.

Unit 4 시간적 여유가 없을 때

인생에서 성공(success)하려면 세 가지를 잘 관리해야 하는데, 그 첫째가 바로 시간(time)이고, 두 번째가 돈(money)이고, 마지막이 사람(people)이다.
영어로 마감 시간이나 기한을 deadline이라고 하는데 '마감 시간 내에 끝내다'는 meet the deadline이라고 표현하며, '마감 시간을 놓치다'는 miss the deadline이라고 표현한다.

 CONVERSATION 실 전 에 활 용 하 는 다 이 얼 로 그

A: How's the time?
B: We're already late.

A: 아직 안 늦겠지요?
B: 우린 벌써 늦었어요.

A: I'll miss the train.
B: You're already late.

A: 나 기차 놓칠지도 몰라요.
B: 당신은 벌써 늦었어요.

Usage

부사 already는 '이미, 벌써'의 뜻으로 쓰여 시간의 경과를 나타내는 어휘로 활용되며, yet과 마찬가지로 완료 시제에 널리 활용된다.
미국에서는 주로 완료형으로 I've already done it.(나는 그것을 벌써 끝마쳤어요.) / Have you eaten yet?(벌써 밥 먹었어요?)처럼 표현하곤 한다.

Q: Did you have lunch? 점심 드셨어요?
A: Yes, I've already eaten. 네, 전 먹었어요.

BASIC EXPRESSIONS 영 어 로 말 해 봐 !

☆ 시간이 없어요.

아이 해브 노 타임
I have no time.

＊I'm in a hurry. / I'm running out of time.이라고 표현해도 무방하다.

☆ 시간이 너무 촉박해요.

위어 아우롭 타임
We're out of time.

☆ 지각이에요. / 늦었어요.

아일 비 레잇
I'll be late.

☆ 기차를 놓칠 것 같아요.

아일 미스 더 추레인[트레인]
I'll miss the train.

☆ 벌써 늦었어요. / 이미 늦었어요.

위어 올레디 레잇
We're already late.

☆ 시간 다 됐어요.

타임 이즈 업
Time is up.

= We have run out of time.

일상영어회화 첫걸음 끝장내기 **285**

☆ 가야 할 시간이에요.
　　잇츠　　타임　투　고
It's time to go.

☆ 끝마쳐야 할 시간이에요.
　　렛츠　　콜이러　　데이
Let's call it a day.

＊ 여기서는 작별할 때의 인사로써 It's time to say good bye. / See you later. / Catch you later. 등과 비슷한 의미로 쓰인다.

☆ 아직 안 늦었겠죠? / 좀 여유가 있나요?
　　하우즈　　더　　타임
How's the time?

＊ How was the time?

☆ 서두르세요. / 시간이 없어요.
　아이　해븐트　갓　올　데이
I haven't got all day.

- **be late** 지각하다, 늦다
- **miss** 놓치다
- **train** 기차, 전철
- **already** 벌써

 회 화 를 위 한 영 문 법

1. I have no time.

"나는 바빠서 시간이 없다."라는 표현이다.

2. Time is up.

"시간이 다 되었다."라는 표현으로 "(마칠 시간이) 다 되었군요. / 끝났습니다. / 지났습니다."라는 뉘앙스를 담고 있다.

3. How's the time?

직역하면 "시간(상황)이 어때요?"라는 뜻인데, 즉, "우리에게 시간적 여유가 남아 있나요?"라는 의미이다.

시간적인 여유가 없거나 시간이 부족할 때 사용할 수 있는 표현법으로써 I have no time. 외에도 We're out of time. / Time is running out. / We're running out of time. 등이 널리 활용되며, 죽기 직전의 사람이 운명할 때 I'm almost done.(난 이제 다 됐어요.)이라는 표현을 할 수도 있다.
(은행) 마감 시간을 cut-off time이라 하며, (원고) 마감 기한을 deadline이라고 표현하는데 관용적으로 eleventh hour라는 표현도 쓰인다.

- It's all set. 시간이 다 됐어요.
- Let's call it a day. 이만 끝냅시다. / 이만 끝마칩시다.

Unit 5 거절을 할 때

동양인들은 정서상 Yes는 쉽지만 No는 말하기 어려워 한다. 서양인들은 안 된다고 직접적으로 말하기도 하지만 바쁘다거나 약속이 있다고 간접적으로 거절하는 표현도 널리 활용되고 있다. 서양인들도 거절해서 '미안하다'는 유감의 뉘앙스가 내포된 〈I'm sorry ~〉, 〈I'm afraid ~〉를 자주 사용한다.
불가피한 경우가 아니라면 No, way!와 같은 표현은 사용하지 않는 편이 좋다.

A: Why don't we go for a drive?
B: I don't feel like it.

A: 드라이브 가지 않을래요?
B: 그럴 기분이 아니에요.

A: Won't you come over now?
B: I'm busy right now.

A: 지금 놀러 오지 않을래요?
B: 지금 당장은 바빠요.

Usage
상대방에게 부담스럽지 않을 정도로 제안하거나 권유할 때 부정의문문을 활용하여 표현하곤 한다. 좀 더 엄밀하게 표현하면 음료수 따위를 권할 때 〈Won't you have ~?(~ 좀 드시겠어요? / ~는 좀 어떠세요?)〉라는 표현은 〈Would you like + 명사 ~?〉나 〈How about + 명사 ~?〉 따위와 유사한 표현이다.

- Won't you come with me? 저와 같이 가시겠어요?
- Won't you go shopping with me? 저와 함께 쇼핑 갈래요?
- Won't you have another cup of tea? 차 한 잔 더 드실래요?

BASIC EXPRESSIONS 영어로 말해 봐!

☆ 안타깝지만….

아임 쏘리
I'm sorry.

☆ 그럴 수 있다면 좋겠지만….

아이 위쉬 아이 쿠드
I wish I could.

☆ 안타깝지만 도와드릴 수가 없군요.

아임 어후레이드 아이 캔- 헬퓨
I'm afraid I can't help you.

＊ I'm sorry I can't help you.와 같은 표현이다.

☆ 그러고 싶지만 무리예요. / 그러고 싶지만 죄송합니다.

아이드 럽투 버라이 캔-
I'd love to, but I can't.

☆ 고맙지만 됐어요. / 고맙지만 사양할게요.

땡스 벗 노 땡스
Thanks, but no thanks.

＊ 사양할 때의 대표적인 표현이다.

☆ 다음 기회에 하죠.

렛츠 메이킷 어나더 타임
Let's make it another time.

☆ 그럴 기분이 아니에요.
_{아이 돈 필 라이킷}
I don't feel like it.

☆ 약속이 있어요. / 선약이 있습니다.
_{아이 해번 어포인먼트}
I have an appointment.

☆ 정말 바빠요.
_{아임 리얼리 비지}
I'm really busy.

☆ 지금 당장은 바빠요.
_{아임 비지 롸잇 나우}
I'm busy right now.

☆ 그 일에는 힘이 못 되겠네요.
_{아이 캔- 두 에니씽 어바우릿}
I can't do anything about it.

- thank 감사하다
- make it 마련하다, 변통하다
- another time 다른 기회
- feel like ~하고 싶은 기분이다
- busy 바쁜
- help 힘이 되다, 돕다

 회 화 를 위 한 영 문 법

1. I'm sorry.

"미안합니다."의 의미뿐만 아니라 '유감이다, 안타깝다'라는 의미도 있다.

2. I wish I could.

'~할 수 있으면 좋겠는데 말이야'라는 아쉬움을 나타내는 가정법 표현이다.

3. I'd love to

⟨I'd like to ~ (~하고 싶다)⟩보다 약간 강한 표현이다.

4. I can't do anything

직역하면 "아무것도 할 수 없다."인데 "어떤 것도 할 수 없다."라는 의미로 쓰였다.

상대방에게 유감을 표명할 때에는 상황에 따른 적절한 테크닉이 요구되는데, 긍정적인 경우에는 I'm afraid so.(그런 것 같습니다.)라는 표현을 사용하며, 부정적인 경우에는 I'm afraid not.(그렇지 않은 것 같습니다.)을 사용한다.

💬 ⟨I'm sorry ~⟩의 표현법
- I'm sorry (that) I couldn't come. 가지 못해서 죄송합니다. ＊불가피한 사정이 있을 때
- I'm sorry to be late. 늦어서 죄송합니다. ＊결과적인 상황에 대하여

💬 ⟨I'm afraid ~⟩의 표현법
- I'm afraid I can't go. 유감이지만 저는 갈 수가 없어요. ＊말 못할 사정이 있을 때
- I'm afraid I'm in a hurry. 죄송하지만 저는 지금 급합니다. ＊심부름이나 부탁에 대하여

Unit 6 너무 바쁠 때

사업(business)을 하는 사람은 거의 모두가 바쁘다. business라는 단어가 'busy + ness(명사형 어미)'가 결합된 것이다. tied up은 업무나 스케줄이 어떤 일로 인해 묶여 있는 것처럼 '꼼짝할 수 없이 바쁘다, 너무 바쁘다'는 뜻이다.
유사하게 활용되는 대체 표현으로 '정신이 없을 정도로 시간이나 스케줄이 바쁘다'라는 뜻으로 hectic, jam-packed, overwhelmed를 써도 무방하다.

CONVERSATION 실 전 에 활 용 하 는 다 이 얼 로 그

A: Why don't we play the TV game?
B: I'm busy now.

A: 텔레비전 게임 하지 않을래요?
B: 지금 바빠요.

A: You have a call.
B: I'm tied up now.

A: 전화 왔어요.
B: 지금 바빠서 못 받아요.

Usage

전화가 걸려왔을 때 누구라도 "전화 좀 받아주세요."라고 요청할 경우에는 Hang on phone's ringing. / Would you get that phone?이라고 표현하지만 가령, "당신한테 온 전화예요. / 당신 전화예요."라는 표현은 You have a call. / Here's a call for you.라고도 하고, 그냥 It's for you. / Telephone for you.라고도 한다. 또한 '당신한테 전화 왔었어요.'라고 전하는 말로는 You were wanted on the telephone.이라고 한다.
여기서 have a call은 '(전화) 전화를 받다, (종교) 신의 소명을 받다'의 뜻으로 사용된다.

BASIC EXPRESSIONS 영어로 말해봐!

☆ 지금 너무 바빠요.
　　아임　타이럽[타이덥]　나우
I'm tied up now.

☆ 지금 당장은 너무 바빠요.
　　아임　타이럽　앳　더　모먼트
I'm tied up at the moment.

☆ 지금 바빠요.
　　아임　비지　나우
I'm busy now.

☆ 정말로 바빠요.
　　아임　리얼리　비지
I'm really busy.

☆ 정신없이 바빴어요.
　　아이브　빈　오버웰럼드
I've been overwhelmed.

☆ 여기는 정신없이 바빠요.
　　씽스　아　리얼리　헥틱　히어
Things are really hectic here.

☆ 하루 종일 정신없이 바빴어요.
_{아이브 빈 온 더 고 올데이}
I've been on the go all day.

☆ 내일은 정신없이 바빠요.
_{투머로우즈 리얼리 잼-팩트}
Tomorrow's really jam-packed.

☆ 먼저 가세요. / 먼저 하세요.
_{고 훠스트}
Go first.

☆ 나중에 뒤 따라 갈게요.
_{아일 고 앱터 유}
I'll go after you.

- busy 바쁜
- now 지금
- really 정말로
- overwhelmed 압도된, 어쩔 줄 모르는
- hectic 정신없이 바쁜, 빡빡한
- jam-packed 빽빽히 찬
- go 가다
- first 먼저
- after 후에

CHECK-POINT 회 화 를 위 한 영 문 법

1. I'm tied up now.

tie up의 수동형(be동사 + p.p.)으로, 묶여 있는 것처럼 시간이나 스케줄이 '바쁘다, 빡빡하다'는 의미이다.

2. at the moment

숙어 '지금 당장'이라는 뉘앙스이다.

3. I've been on the go all day.

여기서 be on the go는 끊임없이 일하는 것을 의미하므로 '(일이나 활동 따위로) 정신없이 바쁘다'라는 뜻을 내포하고 있다.

Go first.는 상대방에게 순서나 자리를 양보하거나 권하는 표현으로 활용되는데, 여기서는 '먼저 가라.'는 의미로 쓰였다. "먼저 가십시오, 먼저 하십시오."의 뜻으로 Go ahead. / After you.와 같은 표현도 많이 쓰인다.
이런 표현에는 이기적인 뉘앙스는 전혀 없고 상대방을 배려하는 표현이므로 please를 덧붙여 준다.

- Please go first.
- Please, you first.

Unit 7 찬성할 수 없을 때

상대의 의견에 찬성하지 않을 때, 찬성하지 않는 구체적인 부분을 말하려면 I disagree with the first part.(첫 부분에 찬성할 수 없다.)처럼 표현할 수 있으며 I disagree with you in ~ / I can't accept that ~과 같이 표현할 수도 있다.
동의하지 않는다는 것을 다소 소극적이면서도 우회적으로 표현하려면 I'm sorry, but you can't.나 I'd rather you didn't.와 같은 표현을 사용하면 된다.

 **CONVERSATION** 실 전 에 활 용 하 는 다 이 얼 로 그

A: Why don't you try?

B: I guess not.

A: 한번 해 보시지 그래요?

B: 그만둘래요.

A: That's impossible.

B: I don't think so.

A: 그건 무리예요.

B: 난 그렇게 생각 안 해요.

Usage

승낙할 경우에는 OK. / Sure. / Of course. / All right. 따위를 활용하곤 하는데 이와 반대로 거절할 경우에는 Of course not. / Never. / Not a chance. / No way. / Certainly not. 등과 같은 표현을 즐겨 쓴다.

- You bet! 물론입니다. / 당연합니다. *bet(내기를 걸다)
- Sure thing! 물론 그렇습니다. / 그렇고 말구요.
- I'm sorry, but today is a bad day. 죄송하지만 오늘은 곤란해요.
- It's not convenient at this time. 이번에는 곤란합니다.

BASIC EXPRESSIONS 영 어 로 말 해 봐 !

☆ 당신이 틀렸어요. / 당신 잘못이에요.

유어　　　　룅
You're wrong.

☆ 그건 틀렸어요. / 그건 옳지 않아요.

댓츠　　낫　　라잇
That's not right.

☆ 그렇게 할 수 없어요. / 그건 받아들일 수가 없군요.

아이　캔-　　메이킷
I can't make it.

☆ 그렇지 않을 거예요. / 그럴 필요가 없어요.

아이　게스　낫
I guess not.

☆ 찬성할 수 없군요. / 동의할 수 없어요.

아이　캔-　　어그리
I can't agree.

＊ I can't agree with you.

☆ 불공평해요. / 그건 공평하지 않아요.

댓츠　낫　페어
That's not fair.

☆ 그렇게 생각 안 해요. / 그렇지 않아요.

아이 돈 씽 쏘
I don't think so.

☆ 말도 안 돼요.

나러 챈스
Not a chance.

※ "전혀 가망이 없어요."라는 뜻으로도 사용된다.

☆ 도저히 납득할 수 없군요. / 이해할 수 없군요.

아이 캔– 바이 잇
I can't buy it.

☆ 좋은 생각이 아니에요.

댓츠 나러 굿 아이디어
That's not a good idea.

☆ 말도 안 돼요. / 물론 그렇지 않아요.

옵 코스 낫
Of course not.

WORDS

- impossible 불가능한
- wrong 틀린
- right 올바른
- guess 짐작하다
- fair 공평한
- chance 기회

CHECK-POINT 회화를 위한 영문법

1. I can't make it.

make it은 '잘 해내다, 성공하다'라는 의미이다.

2. Not a chance.

직역하면 "더 이상 기회가 없다."라는 뜻으로 희망이나 가능성이 전혀 없음을 뜻하는 어투이다.

3. Of course not.

직역하면 "물론 안 된다."는 뜻으로 쓰였으며, of course는 '물론'이라는 뜻이다.

서양인들은 상대방의 의견이나 견해에 반대할 경우에는 명확한 태도를 취하는 것을 선호한다. 동양인처럼 다소 어정쩡한 태도를 취하면 오해의 소지로 작용되기도 하며, 인간관계나 일을 그르치는 단초를 제공하므로 분명한 입장을 취하도록 하자.

💬 Of course.의 용법 ※mind 꺼리다, 싫어하다

　　Q: Do you mind if I smoke? 담배 피워도 돼요?
　　A: Of course. 물론 안 돼죠. ※Of course not. 물론 돼요.

💬 Of course not.의 용법 ※like 좋아하다

　　Q: Do you like cats? 고양이를 좋아해요?
　　A: Of course. 물론이죠. ※Of course not. 물론 싫어해요.

Unit 8 금지할 때

어떤 행위를 금지할 때는 〈Don't + 일반동사〉, 〈Don't be + 형용사〉 패턴이 많이 쓰이는데 Don't ~보다 강한 표현으로는 Never ~가 있다. "~하지 마라."에 해당하는 Don't ~라는 패턴 문형은 Stop -ing ~또는 Quit -ing ~로 대체할 수도 있다.
유사한 완곡어법의 응답 표현으로 I'd love to, but I can't.이나 Sorry, but I can't.도 널리 활용되는 편이다.

 CONVERSATION 실 전 에 활 용 하 는 다 이 얼 로 그

A: Don't push me.
B: I never push you.

A: 밀지 마!
B: 안 밀었어요.

A: Don't interrupt.
B: What are you doing?

A: 방해하지 마.
B: 뭐 하고 있는데요?

Usage
〈Don't + 일반동사 ~〉의 패턴 문형은 어떤 구체적인 행위나 동작뿐만 아니라 감정적인 표출에도 사용된다. 가령, "왜 나한테 화풀이야!"라는 말은 관용적으로 다음과 같이 표현하기도 한다.
- Don't take it out on me.
- Stop picking on me.
- Picking on me won't help.

 **BASIC EXPRESSIONS** 영　어　로　말　해　봐　!

☆ 적당히 좀 하세요! / 그만 됐습니다.

<small>댓츠　　　이너프</small>
That's enough!

* Enough is enough! 이제 됐다고요! / 이미 충분합니다.

☆ 그만 두세요! / 됐어요.

<small>스따뻿[스탑핏]</small>
Stop it!

* Stop that! 이라고도 표현한다.

☆ 농담하지 마세요!

<small>돈　　조크</small>
Don't joke!

* 관용 표현인 Don't pull my leg. / You're kidding me!도 알아 두자.

☆ 그런 짓 하지 마세요! / 그러지 마세요.

<small>돈　두　댓</small>
Don't do that!

☆ 방해하지 마세요!

<small>돈　　　인터럽트</small>
Don't interrupt.

* Don't disturb (me).라는 표현도 사용된다.

☆ 밀지 좀 마세요!

<small>돈　푸쉬　미</small>
Don't push me.

* Don't touch it. 그거 만지지 마세요!

⭐ 그거 밟지 마세요!

Don't step on it.
_{돈 스테폰닛}

* "속력을 내지 마세요. / 속력을 줄이세요."라는 표현으로도 쓰인다.

⭐ 자기 맘대로 하지 마세요!

Don't be selfish.
_{돈 비 셀피쉬}

* "이기적으로 행동하지 마세요."라는 충고의 표현이다.

⭐ 저한테 의지하지 좀 마세요! / 날 너무 믿지는 마세요.

Don't count on me.
_{돈 카운트 온 미}

* count on(의지하다, 기대다)라는 숙어인데 관용표현인 Count on me.는 "저를 좀 믿어주세요."라는 뜻으로 쓰인다.

⭐ 이제 그만하시죠. / 너무 지겹군요. / 난 할 만큼 했어요.

I've had enough.
_{아이브 해드 이너프}

* I've had enough of you. 너한테 질렸어요.

- stop 그만두다
- joke 농담하다
- interrupt 방해하다
- touch 만지다
- step on 밟다
- selfish 멋대로 하는, 이기적인

 **CHECK-POINT** 회 화 를 위 한 영 문 법

1. That's enough!

보통은 "이제 충분하다."라는 의미로 사용하여 That's it!과 유사하게 활용된다. enough는 '충분한'이라는 뜻의 형용사이다.

2. Don't count on me.

직역하면 "나를 숫자에 넣지 마라. / 나 좀 빼줘."인데 자신을 제외시켜 달라고 요청하는 표현이다. 가령, 상대가 Are you coming?(너도 올래?)라고 요청하였을 때 "나도 끼워 주세요."라는 표현은 Count me in.이라고 하며, "난 좀 빼 주세요."라는 표현은 Count me out.이라고 한다.

3. I've had enough.

"이제 됐다니까."라는 뜻으로써 '이미 만족한다, 충분하다'라는 현재완료형을 활용한 표현법이다. 그러므로 상대방에게 사양하고자 할 때 사용하면 된다.

상대방의 어떤 행위나 동작을 금지할 경우에 〈Don't + 일반동사 ~〉의 패턴 문형도 널리 활용되지만 "그만두세요."라는 뜻의 관용 표현인 다음과 같은 표현도 자주 사용된다.

· Cut it out!   · Quit it!   · Knock it off!

Chapter 9

요청과 부탁

상대방에게 무언가를 요청하거나 부탁할 경우라면 예의와 매너를 갖추어야 하며,
특히, 정중함과 겸손함을 잃지 않는 것이 매우 중요하다.

Unit 1 양해를 구할 때

상대방에게 양해를 구하거나 실례의 표현을 하고자 할 때 서양인들은 지나칠 정도로 I'm sorry, Excuse me, Please 따위를 즐겨 사용한다. 아마도 정중한 언어 표현을 인간관계의 시발점으로 여기는 것 같다.

예를 들어, 이름을 물어볼 때도 What's your name?(이름이 뭔가요?)이라는 표현보다는 May I have your name?(성함을 여쭤 봐도 될까요?)이라고 표현하여 더 정중한 느낌을 주는 경우가 많다.

 CONVERSATION 실 전 에 활 용 하 는 다 이 얼 로 그

A: Excuse me.
B: Can I help you?

A: 실례합니다.
B: 뭘 도와드릴까요?

A: Do you have a minute?
B: Sorry, but I have to go now.

A: 잠시 시간 있어요?
B: 미안해요. 지금 가봐야 해요.

Usage

서양인들은 낯선 사람에게 길을 묻거나 무언가를 물어볼 경우, 어김없이 Pardon me.나 Excuse me.라는 표현을 본론을 말하기 전에 먼저 꺼내는 언어 습관이 몸에 배어 있다. 또한, 실례할 때는 "잠깐만요."라는 뜻으로 Just a moment. / Wait a minute. / One moment, please.라는 표현도 즐겨 쓴다. 이밖에도 손님을 맞이할 경우에 환대하는 표현법도 천차만별이다.

- Welcome! / Hello! / How are you?
- Please come in. / Come on in.
- Good morning, sir. *afternoon(오후), evening(저녁)

BASIC EXPRESSIONS 영 어 로 말 해 봐 !

☆ 시간 좀 있어요?
　　두　　유　　해버　　미닛
Do you have a minute?
　= Do you have time?

☆ 시간 잠깐 있어요?
　　두　　유　　해버　　쎄컨드
Do you have a second?

☆ 시간 좀 있어요?
　　두　　유　　해브　　타임
Do you have time?

☆ 실례합니다.
　익스큐즈　미
Excuse me.

☆ 잠깐 실례할게요.
　익스큐즈　미　훠러　모먼트
Excuse me for a moment.

☆ 말씀 중에 죄송합니다.
　익스큐즈　미　훠　인터럽팅　유
Excuse me for interrupting you.
　＊ interrupt 끼어들다, 개입하다

☆ 부탁 좀 드려도 될까요?

메 아이 에스큐어 훼이버
May I ask you a favor?

☆ 이야기 좀 해도 될까요?

메 아이 톡 투 유 훠러 퓨 미닛츠
May I talk to you for a few minutes?

☆ 들어가도 될까요?

메 아이 커민
May I come in?

☆ 잠깐 봐도 될까요?

메 아이 테이커 룩 (어라운드)
May I take a look (around)?

☆ 지금 바빠요?

아 유 비지 나우
Are you busy now?

- minute 분
- second 초
- moment 순간
- interrupt 방해하다
- a few 조금
- come in 들어가다
- take a look 보다
- busy 바쁜

 회 화 를 위 한 영 문 법

1. Do you have a minute?

직역하면 "1분 있습니까?"로 "잠깐 시간 있습니까?"라는 표현이다.

2. Do you have a second?

Do you have a minute?와 마찬가지로 직역하면 "1초 있습니까?"라는 의미이다.

3. Do you have time?

Do you have the time?이라는 문장에서 the가 들어가면 "몇 시입니까?"라는 전혀 다른 의미가 되므로 주의해야만 한다.

부탁을 할 때 Give me a hand.(좀 도와주시겠어요?)라고 표현하기도 하지만 favor라는 명사를 사용하는 경우가 많다. 상대방에게 양해를 먼저 구하는 표현으로 Do you mind if I ask you a favor?라는 문형을 사용한다. 물론 직접적으로 부탁할 경우에는 조동사 Can I ask ~? / May I ask ~? / Will you do ~?라는 문형으로도 양해를 구하는 표현을 구사한다.

- Can I ask you a favor?
- May I ask you a favor?
- Will you do me a favor?

Unit 2 부탁을 할 때

영어로 부탁을 할 때는 May I ~? 또는 Can you ~?가 일반적인 표현이고, Would you ~?나 Could you ~?라고 하면 가장 정중한 표현이 된다. 때로는 Would you ~, please?라고 부탁하기도 한다. 그리고 〈Would you mind + 동명사 ~?〉라는 패턴 문형도 많이 사용되므로 응답 시에 그 용법에 주의해야 한다.

 CONVERSATION 실 전 에 활 용 하 는 다 이 얼 로 그

A: May I ask you a favor?
B: Yes, if I can.

A: 부탁이 있어요.
B: 좋아요, 내가 할 수 있는 일이라면.

A: I need some help.
B: Sure, what can I do for you?

A: 저 좀 도와줄 수 있어요.
B: 좋아요, 뭘 하면 되죠?

Usage

도움 요청에 대하여 우회적으로 거절할 경우에는 I'm sorry, but I can't help you.나 I'm afraid I can't help you.와 같은 문형을 사용하는데 이에 반하여 흔쾌히 수락하는 표현으로는 Sure. / OK. / All right.라는 표현 말고도 다음과 같은 표현도 상대의 기분을 좋게 해준다.

- With pleasure. *My pleasure.
- I'd love to.
- I'd be glad to.
- Yes, please.

BASIC EXPRESSIONS

☆ 부탁 좀 드려도 될까요?

메 아이   에스큐어   페이버
May I ask you a favor?

☆ 저를 좀 도와줄래요?

캔   유   헬프   미
Can you help me?

☆ 저를 좀 도와주셨으면 해요.

아이   니드   썸   헬프
I need some help.

＊ '도와줬으면 하는 일이 있다.'는 뜻으로써 Help me!와 같은 표현이다.

☆ 당신 도움이 필요해요.

아이   니쥬어   헬프
I need your help.

☆ 좀 도와줄래요?

캔   유   깁미어   핸드
Can you give me a hand?

☆ 부탁 좀 들어 주시겠어요?

쿠쥬   두   미어   페이버
Could you do me a favor?

일상영어회화 첫걸음 끝장내기 **311**

☆ 물어볼 게 있는데요? / 묻고 싶은 게 있는데요?

May I ask you something?
메 아이 애스큐 썸씽

☆ 저를 도중에 좀 내려 주실래요?

Can you drop me off somewhere?
캔 유 드랍 미 오프 썸웨어

☆ 우체국까지 차로 데려다 주시겠어요?

Can you drive me to the post office?
캔 유 드라이브 미 투 더 포슷 아피스

☆ 서점에 저를 내려 줄래요?

Can you drop me off at the bookstore?
캔 유 드랍 미 오프 앳 더 북스토어

☆ 창문 좀 열어 주래요?

Would you mind opening the window?
우쥬 마인드 오프닝 더 윈도우

WORDS

- help 돕다; 도움
- need 필요로 하다
- give a hand 도와 주다
- ask 묻다
- something 무언가
- drop off (자동차에서) 내려 주다, (자동차로) 데려다 주다
- somewhere 어딘가에서
- drive 차로 데려다 주다
- bookstore 서점

CHECK·POINT 회 화 를 위 한 영 문 법

1. ask you a favor

숙어 〈ask ~ a favor〉 구문으로써 '~에게 (일을) 부탁하다'라는 뜻이다.

2. I need your help.

상대에게 간접적으로 도움을 요청할하는 표현으로 상당히 급박하다는 느낌이 드는 어투로써 통상적으로 I need some help.를 사용한다.

3. do me a favor

숙어 〈do ~ a favor〉 구문으로 '~를 위해서 호의를 베풀다'라는 뜻으로 쓰였으며, favor는 명사로써 '호의, 친절'의 의미를 지니고 있다.

부탁을 하기 전에 할 수 있는 표현으로 I'm sorry to bother you, ~ / Excuse me, ~ / Pardon me, ~ 등과 같은 표현을 먼저 말하여 상대방에게 정중한 뉘앙스를 풍김으로써 흔쾌히 수락하도록 유도하면 된다.
가벼운 부탁의 의미가 내포된 〈Please + 명령문〉, 〈명령문 + please〉의 활용법에 대하여 알아 보자.

- 강조할 때: Please come in. 어서 오세요.
- 주문할 때: Something to drink, please. 음료수 좀 주실래요?
- 요청할 때: Please drop me off over there. 저 좀 저기에서 내려줄래요?

Unit 3 뭔가 잘 모를 때

모른다고 할 때 가장 쉬운 표현이 바로 I don't know.이다. 그런데 헐리웃 영화를 보면 I have no idea.라는 말을 더 많이 한다. 이밖에도 God only knows. 또는 It doesn't ring a bell.처럼 즉, 머릿속에서 명쾌하게 반응이 오지 않아 모르겠다는 표현이 있다. 그리고 It's Greek to me.라는 관용 표현도 있는데 여기서 Greek는 '그리스어이므로 어려워 모르겠다'는 뜻으로 알아둘 만하다.

 실 전 에 활 용 하 는 다 이 얼 로 그

A: What is she thinking?
B: How should I know?

A: 그 여자는 무슨 생각을 하고 있는 걸까요?
B: 내가 알 리가 없잖아요.

A: I'm confused.
B: Why don't you take a break?

A: 혼란스러워요.
B: 좀 쉬는 게 어때요?

Usage
주어의 '감정 상태'를 표현할 때는 be동사 다음에 주로 형용사(-ed형)를 보어로 두게 되는데 〈I'm + 형용사 상당어구(보어) ~〉의 패턴 문형을 활용해 보자.
- I'm depressed. 우울하군요.
- I'm bored. 지루하군요.
- I'm confused. 당황스럽군요.
- I'm shocked. 충격적이군요.

BASIC EXPRESSIONS 영 어 로 말 해 봐!

☆ 모르겠어요.

아이 돈 노
I don't know.

* I don't know for sure.

☆ 확실히 모르겠어요. / 잘 모르겠어요.

아이 돈 노 훠 슈어
I don't know for sure.

☆ 전혀 모르겠어요.

아이 해브 노 아이디어
I have no idea.

☆ 무슨 뜻인지 모르겠어요. / 무슨 말인지 알아들을 수가 없군요.

아이 캔- 팔로우 유
I can't follow you.

* "당신 말을 이해할 수가 없다."라는 뜻을 내포하고 있다.

☆ 정말 모르겠어요. / 잘 모르겠어요.

아이 돈 리얼리 언더스탠드
I don't really understand.

☆ 어려워서 모르겠어요. / 너무 어려워요.

잇츠 오버 마이 헤드
It's over my head.

☆ 이해가 안 가는군요! / 이해가 되지 않는군요!

I'm confused.
_{아임 컨퓨즈드}

* "혼란스러워요. / 당황스럽군요."라는 뜻으로 I don't understand.와 유사한 표현이다.

☆ 무슨 의미예요? / 무슨 뜻이죠?

What do you mean?
_{왓 두 유 민}

* What does it mean?

☆ 무슨 말을 하는 거예요?

What are you talking about?
_{와라유 토킹 어바웃}

☆ 제가 알 리가 없잖아요.

How should I know?
_{하우 슈다이 노우}

* "제가 어떻게 알겠어요. / 도저히 모르겠어요."라는 뉘앙스를 내포하고 있다.

WORDS

- for sure 확실히
- follow ~을 따라가다; 이해하다
- over ~을 넘는, 초월한
- confused 혼란스러운
- mean 의미하다
- how 어떻게

 CHECK-POINT 회화를 위한 영문법

1. I have no idea.

직역하면 "생각이 없다."라는 뜻으로 단순하게 '모른다'는 의미로 쓰이는 표현이다.

2. I can't follow you.

직역하면 "당신의 이야기를 따라갈 수 없다."는 뜻으로, '당신의 말을 도저히 이해하지 못하겠다.'라는 의미로 쓰이는 표현이다.

3. It's over my head.

직역하면 "내 이해 능력을 넘었다."라는 뜻으로, '어려워서 도저히 모르겠다.'라는 의미이다.

'모른다'는 표현은 자칫하면 상대방이 오해할 수 있는 표현이므로 주의해서 활용해야 하므로 I am sorry, but I don't know. 혹은 I'm afraid I don't know.와 같이 다소 무례하지 않도록 표현하길 바란다.

💬 잘 모르겠어요.
- I don't know for sure.
- I don't know for certain.

💬 그것은 들어본 적이 없어요.
- I've never heard of it.
- I've heard nothing about it.

💬 전혀 모르겠어요.
- I don't have the slightest idea.
- I don't have a clue.

Unit 4 다시 말해 달라고 요청할 때

상대방의 말을 깜빡 놓쳐 다시 말해달라고 할 때 Excuse me? 또는 I'm sorry?라고 도 하지만 정중하게 말하면 I beg your pardon?이라 하는데 짧게 Pardon me? 또는 Pardon?이라고도 말한다.
반대 입장에서 외국인과 대화할 때 외국인이 다시 말해달라고 하면 처음에 했던 말을 표현을 바꾸지 말고 기계적으로 되풀이해주면 되는데 말끝은 항상 올려주어야 한다.

CONVERSATION 실전에 활용하는 다이얼로그

A: Do you know what I mean?
B: No, I don't.

A: 제가 하는 말을 이해하셨어요?
B: 아니, 모르겠어요.

A: Did you hear me?
B: Sorry, come again.

A: 제 말 들었어요?
B: 미안, 한 번만 더 부탁해요.

Usage

상대방에게 어떤 사실을 확인하거나 자신의 말을 제대로 들었는지를 재확인할 때 문두에 과거형의 조동사(did)로 표현하는 언어습관이 있다. 가령, What's that?(뭐라고요?)나 Once more?와 같은 표현은 삼가는 편이 좋다.

· Did you hear from him recently? 최근에 그 사람 소식 들었나요?
· Did you hear a weather report this morning? 오늘 아침 일기예보 들었나요?
· Did you have breakfast? 아침 식사 하셨어요?
· Did you finish your homework? 숙제 끝내셨어요?

 BASIC EXPRESSIONS 영 어 로 말 해 봐 !

☆ 한번 더 말해 주시겠어요?
　　캔　유　텔　미　어게인
Can you tell me again?

☆ 뭐라고요? / 한번 더 말해 주세요.
　　파든　미
Pardon me?

☆ 한번 더 말해 줄래요? / 다시 말해 줄래요?
　　컴　어게인
Come again?

☆ 좀 더 큰 목소리로 말해 줄래요?
　　캔　유　스피컵
Can you speak up?

☆ 더 확실하게 말해 주세요.
　　스픽　모어　클리얼리
Speak more clearly.

☆ 다른 표현으로 말해 봐요.
　　쎄이　잇　어나더　웨이
Say it another way.

☆ 더 쉬운 말로 해 주세요.

쎄이   이린   심플러   랭귀지
Say it in simpler language.

☆ 좀 천천히 말해 주세요.

스픽   모어   슬로울리
Speak more slowly.

☆ 안 들리는데요. / 못 들었는데요.

아이 캔-   히어   유
I can't hear you.

＊ I couldn't catch that. 못 들었어요.

☆ 뭐라고 했어요?

디쥬   쎄이   썸씽
Did you say something?

＊ What did you say? 뭐라고 그랬어요?

- tell 말하다, 이야기하다
- again 다시 한 번
- speak up 큰 소리로 말하다
- clearly 확실하게
- simpler 더 간단한
- language 말, 언어
- slowly 천천히
- something 무언가

CHECK-POINT 회　화　를　위　한　영　문　법

1. Pardon me?

pardon은 '허락하다'는 의미의 동사이지만 '다시 한번 더 말해 달라'는 뜻이다.

2. I can't hear you.

이 경우 you는 '당신이 말하고 있는 것'을 지칭한다.

3. I couldn't catch that.

이 경우 catch는 '알아듣다, 이해하다'이며, that은 '상대가 얘기하고 있는 내용'을 의미한다.

상대방이 한 말을 잘 못 들었거나 제대로 이해하지 못했을 경우에는 "죄송하지만 다시 한 번 더 말씀해 주십시오."처럼 정중하게 요청해야만 한다.
구어에서는 Could you say it again, please?라는 표현에서 습관적으로 'Could you'와 'Would you'를 생략하여 Say it again, please.라고 표현하곤 한다.

💬 재요청하거나 되물을 때: 뭐라고요?

- Pardon me? *I beg your pardon?
- Say that again, please. *Say it once again, please.
- Come again, please.
- Repeat that.
- What did you say?
- How is that again?
- Give me another chance.

Unit 5 · 대화를 요청할 때

상대에게 '할 말이 있다'라는 표현은 I'd like to have a word with you. / There's something I want to ask you.라고 하는데, 대화가 길어지다 보면 할 말이 생각나지 않는 순간이 있다.
이런 순간에는 당황하지 말고 생각이 떠오르지 않더라도 뭔가 생각하고 있다는 느낌으로 말해줘야 한다. 그럴 때 쓰는 표현으로 Well ... / Let me see. / You know what? / Let me think about it. 등이 있다.

CONVERSATION 실전에 활용하는 다이얼로그

A: Can I talk to you?
B: Sorry, I'm going out now.

A: 잠깐 이야기할 수 있어요?
B: 미안해요. 지금 나가봐야 해요.

A: I need to talk to you.
B: Yeah, what?

A: 할 말이 있는데요.
B: 그래요? 뭐죠?

Usage

♣ 상대방에게 할 말이 있을 때
- I need to talk to you.
- I'd like to talk to you.
- I have something to say.
- I want to tell you something.

♣ 상대방에게 할 말이 없을 때
- I have no words for it.
- There is no more to say.
- I have nothing to say.
- There is nothing more to tell you.

 **BASIC EXPRESSIONS** 영어로 말해봐!

☆ 얘기 좀 나눌 수 있나요? / 얘기 좀 할 수 있나요?

_{캐나이 톡 투 유}
Can I talk to you?

☆ 지금 바쁘세요?

_{아 유 비지 롸잇 나우}
Are you busy right now?

☆ 할 말이 있는데요. / 있잖아요.

_{아일 텔 유 왓}
I'll tell you what.

☆ 할 말이 있는데요.

_{아이 니드 투 톡 투 유}
I need to talk to you.

☆ 상담할 게 있는데요.

_{메아이 애스큐어 어드바이스}
May I ask your advice?

  ＊ May I have your advice?처럼 have 동사를 활용해도 무방하다.

☆ 저기 말이에요. / 있잖아요.

_{유 노}
You know?

⭐ 있잖아요?

유 노 왓
You know what?

* Look!(저기 있잖아요.)와 같은 표현이다.

⭐ 사실은 말이에요, …

투 텔 유 더 트루쓰
To tell you the truth, …

⭐ 제 말 좀 들어봐요.

리쓴 투 미
Listen to me.

⭐ 제 말 듣고 있어요?

아 유 리쓰닝 투 미
Are you listening to me?

⭐ 어디 좀 봐요! / 좀 살펴 봅시다.

테이커 룩
Take a look.

WORDS

- talk 말하다
- busy 바쁜
- right now 지금 당장
- tell 이야기하다
- ask 요구하다
- advice 충고
- listen 듣다

CHECK-POINT 회 화 를 위 한 영 문 법

1. I'll tell you what.

직역하면 "제 말을 들어보세요."라는 뜻으로써 상대에게 제안을 하고자 할 때 사용하는 Look. / You know what?과 유사하게 활용된다.

2. To tell you the truth, …

"사실은 말이죠…"라는 표현이다.

3. Take a look.

'주의 깊게 보다'라는 의미로써 원래는 Let me take a look.이라는 표현이다. See for yourself.와 같은 표현이다.

대화 도중에 상대방에게 주의를 끌고자 할 경우에는 다음과 같은 뜻을 지닌 간단한 표현도 알아 두도록 하자.

- 들어 봐!: Listen up! *Listen to me.
- 봐 봐!: Have a look!
- 이것 좀 봐!: Look here!
- 저것 좀 봐!: Look at that!
- 날 좀 봐!: Look at me!
- 자, 봐!: Come, look!

Unit 6 허락을 구할 때

허락을 구할 때는 자신이 부탁하는 입장이므로 특히 정중하고 겸손한 어투로 말해야 한다. 보통은 Can I ~? 또는 May I ~?로 말하는데 〈Do you mind if ~?〉나 편리한 표현으로 〈Is it all right ~?〉도 기억해 두면 유용하게 써먹을 수 있다.
또한 Let me see it.처럼 〈Let me ~〉라는 패턴 문형도 구어에서는 널리 활용되는데, 문장 뒤에 please나 if you don't mind를 붙여 주면 정중하게 들린다.

CONVERSATION 실 전 에 활 용 하 는 다 이 얼 로 그

A: Can I go out tonight?
B: Who are you going with?
A: 오늘밤에 외출해도 되나요?
B: 누구하고 가는데요?

A: Can I use the bathroom?
B: Sure.
A: 화장실 좀 사용해도 되나요?
B: 물론이죠.

Usage
상대방에게 '허락'을 구하는 표현 가운데 〈Can I + 동사원형 ~?(~해도 좋습니까?, ~할 수 있나요?)〉의 패턴 문형은 가장 편리한 표현 중의 하나이다.

- Can I smoke here? 여기서 담배를 피워도 될까요?
- Can I try this on? 이 옷을 입어 봐도 될까요?
- Can I make a reservation? 예약 좀 할 수 있을까요?
- Can I leave a message? 메시지를 남겨도 될까요?
- Can I take your order? 주문을 하시겠어요?

BASIC EXPRESSIONS 영어로 말해 봐!

☆ 담배 피워도 되나요?

두 유 마인드 이파이 스모크
Do you mind if I smoke?

☆ 들어가도 되나요?

메아이 커민
May I come in?

☆ 우산 좀 빌려갈 수 있나요?

캐나이 바로우 디스 음브렐러
Can I borrow this umbrella?

☆ TV를 봐도 되나요?

캐나이 와치 티비
Can I watch TV?

* Can I turn on the TV? TV를 켜도 되나요?

☆ 이거 먹어도 되나요?

캐나이 잇 디스
Can I eat this?

☆ 오늘밤 외출해도 되나요?

캐나이 고 아웃 투나잇
Can I go out tonight?

☆ 창문 좀 열어도 되나요?

캐나이 오픈 더 윈도우
Can I open the window?

☆ 전화 좀 쓸 수 있을까요?

캐나이 유즈 유어 폰
Can I use your phone?

☆ 화장실 좀 써도 되나요?

캐나이 유즈 더 배쓰룸
Can I use the bathroom?

☆ 질문해도 되나요?

캐나이 애스큐어 퀘스쳔
Can I ask you a question?

- **come in** (방으로) 들어가다
- **borrow** 빌리다
- **watch** 보다
- **TV** 텔레비전
- **turn on** 켜다
- **eat** 먹다
- **ask** 묻다
- **question** 질문

CHECK-POINT 회　화　를　위　한　영　문　법

1. Do you mind if I smoke?

직역하면 "제가 담배를 피워도 신경 안 쓸 겁니까?"라는 뜻이므로 〈Do you mind if I ~?〉는 "담배를 피워도 됩니까?"라고 허락을 구하는 표현이다.

2. Can I use the bathroom?

'화장실을 이용하다'라고 할 때는 동사 use(사용하다)를 사용하면 된다.

3. Can I ask you a question?

질문 사항이 있을 때 한번 물어봐도 되는지 허락을 구하는 표현으로 May I ask you a question? 또는 Do you mind if I ask you a question? 등을 사용해도 무방하다.

상대방에게 허락을 구할 때는 Can I ~? 또는 May I ~?를 활용하는 경향이 있는데, 여기서는 〈Let me + 동사원형 ~(제가 ~하게 해 주세요.)〉의 간접 명령형의 패턴 문형을 활용한 표현법을 익혀 보도록 하자.

· Let me help you. 뭘 도와 드릴까요?
· Let me do it. 제가 하도록 해 주세요.
· Let me think about it. 그것 좀 생각해 볼게요.
· Let me introduce myself. 제 소개를 하도록 할게요.

Unit 7 명령을 할 때

'명령', '요구', '의뢰' 따위를 나타내는 직접 명령문은 주어 you를 생략하고 동사원형으로 시작하는 표현법이라고 보면 이해하기 쉬울 것이다. 이러한 명령문의 앞이나 뒤에 please를 덧붙여 주면 의뢰하는 듯한 완곡한 어감을 풍긴다.

look up은 '위를 보다'라는 뜻 외에 '(사전을) 찾아보다, 살펴보다'라는 뜻이 있다. turn right와 turn left는 '우회전하다'와 '좌회전하다'로 사용할 수 있다. '직진하다'는 go straight라고 표현한다.

CONVERSATION 실전에 활용하는 다이얼로그

A: Look behind.
B: What?
A: 뒤를 보세요!
B: 뭔데요?

A: Watch the left side.
B: What's wrong?
A: 왼쪽을 잘 보세요!
B: 무슨 일 있어요?

Usage

상대방에게 무엇인가 의구심을 나타내는 표현이므로 약간 불안하거나 불길한 뉘앙스를 풍기는 표현법이다. 막연하게 활용되는 표현으로는 What's wrong? / Is anything wrong? / What happened? / What's up? / What's the matter? / Is there something wrong? 따위가 있다.

♣ 용무를 묻는 표현법
- What brings you here?
- Why did you come here?

♣ 용건을 묻는 표현법
- What business have you got here?(= What is your business here?)
- What's the purpose of your visit? ＊공항 세관에서

BASIC EXPRESSIONS 영어로 말해 봐!

☆ 위를 보세요!

　　　루컵
　Look up.

　　＊ Look down. 아래를 보세요!

☆ 오른쪽을 보세요!

　　　룩　　롸잇
　Look right.

　　＊ Look left. 왼쪽을 보세요!

☆ 뒤를 보세요!

　　　룩　　비하인드
　Look behind.

☆ 주위를 둘러보세요!

　　　룩　　어라운드
　Look around.

☆ 이쪽을 보세요!

　　루겟[룩앳]　　미
　Look at me.

☆ 오른쪽으로 도세요!

　　　턴　　롸잇
　Turn right.

　　＊ Turn left. 왼쪽으로 도세요!

☆ 뒤로 도세요!
    턴   백
Turn back.

☆ 오른쪽을 잘 살펴보세요!
    와치   더   롸잇   싸이드
Watch the right side.

* watch(주의하다, 살피다)는 지각동사이다.

☆ 왼쪽을 잘 살펴보세요!
    와치   더   레프트   싸이드
Watch the left side.

☆ 말해 보세요.
    쎄이   잇
Say it!

☆ 인정하세요! / 시인하세요!
    어드미릿
Admit it!

- up 위(쪽)
- down 아래(쪽)
- right 오른쪽
- left 왼쪽
- behind ~뒤
- around 주변
- turn 돌다
- side ~쪽, ~측

CHECK-POINT 회 화 를 위 한 영 문 법

1. Look at me.

직역하면 "나를 쳐다봐!"라는 뜻으로 쓰여 Look here!와도 유사한 표현이다.

2. Turn back.

'되돌아가다(오다)'라는 의미도 있으나 여기서는 '뒤로 돌다'라는 뜻이다.

3. Watch the right[left] side.

watch는 look과는 의미상 좀 다르다. watch는 '의도적으로 지켜보다'라는 뉘앙스이다.

Look at me.는 방향성을 강조하는 표현인데 반해 Let me see ~.(~좀 봅시다.)의 패턴 문형은 '잠깐 실례하다'라는 뉘앙스를 풍기는 표현이다.
또한 Let me take a look at it.라고 하면 "어디 좀 살펴 봅시다."라는 정중한 부탁의 표현이 된다.

- Let me see the gun. 그 총을 좀 보여 주세요.
- Let me take a break. 저 좀 쉴게요.

Unit 8 정리정돈을 지시할 때

가정생활이나 공동생활에서 언제나 문제가 되는 것이 바로 정리 정돈이다. '정리 정돈을 잘하는 사람'을 organized person이라 하는데 "네 방 좀 치우세요."라는 말은 Please fix your room.이라고 표현하면 된다.

가령, 엄마가 아이들에게 "네 물건들 좀 정리 정돈해라."라고 잔소리를 할 경우에는 Put your things in order, please.라고 표현할 수 있다.

put(놓다)의 동사구인 put away는 '정리하다'이지만 '치우다'가 되기도 하고 '먹어치우다'로 발전하기도 하며, put down은 기본 의미가 '내려놓다'이지만 '펜으로 기록하다'라는 뜻으로도 활용되므로 알아 두도록 하자.

CONVERSATION 실전에 활용하는 다이얼로그

A: Put it away.
B: Wait a minute.

A: 정리 좀 하세요.
B: 잠시 뒤에 할게요.

A: Where should I put it?
B: Put it on the table.

A: 어디에 놓으면 되나요?
B: 테이블 위에 놔.

Usage

영어에서는 Look! / There / Here! / Wait! / Hold on!만으로도 "잠깐만요!"이라는 뉘앙스를 풍기는데 조금 더 길게 표현하자면 다음과 같다.

- Wait a minute. / Wait a moment. / Wait a second.
- Just a minute. / Just a moment. / Just a second. / Just a little.
- Hold on a second. / Hang on, please.

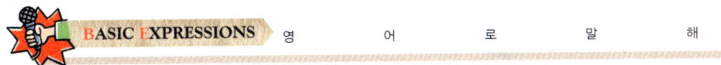

☆ 정리하세요! / 치워 놓으세요!

푸리러웨이
Put it away.

☆ 원래대로 해놓으세요!

푸릿백
Put it back.

☆ 여기에 넣어 주세요!

푸리린   히어
Put it in here.

☆ 테이블 위에 올려놓으세요!

푸리론   더   테이블
Put it on the table.

☆ 테이블 아래에 내려놓으세요!

푸릿   언더   더   테이블
Put it under the table.

☆ (아래에) 내려놓으세요!

푸릿   다운
Put it down.

☆ 좀 더 아래쪽에 놓으세요!

푸릿   로어
Put it lower.

☆ 좀 더 위쪽에 놓으세요!

푸릿   하이어
Put it higher.

☆ 더 가까이 놓으세요!

푸릿   클로서
Put it closer.

☆ 더 왼쪽으로 놓으세요!

푸릿   모어   투   더   레프트
Put it more to the left.

☆ 더 오른쪽으로 놓으세요!

푸릿   모어   투   더   라잇
Put it more to the right.

- put 두다
- here 여기에
- table 테이블, 탁자
- under ~의 아래에
- lower 더 아래로 *low의 비교급
- higher 더 위로 *high의 비교급
- closer 더 가까이 *close의 비교급
- more 더욱, 더

CHECK·POINT 회화를 위한 영문법

1. Put it away.

〈put ~ away〉는 '~을 정리하다, 치우다'라는 의미이다.

2. Put it back.

〈put ~ back〉은 '~을 원래대로 되돌리다'라는 의미이다.

3. Put it in here.

〈put ~ in〉은 '~을 …에 집어넣다'라는 의미이다.

영어에서는 연음에 의해 발음이 약화되는 현상이 구어에서는 빈번하게 발생하곤 하는데 put it [푸릿]에서 확연하게 나타난다. 단모음이 자음에 연음되거나 자음이 모음에 연음될 때 두드러진다.

- put it away [푸리러웨이]
- put it in [푸리린]
- put it on [푸리론]

Unit 9 구체적인 행동을 요청할 때 (1)

여기에서 다루는 명령형 표현은 병원이나 학교에서 사용할 수 있는 표현이므로 그다지 거친 말투는 아니다. 그리고 신체에 대해 말할 때 눈(eyes), 귀(ears), 손(hands), 발(foot) 등 양쪽의 것을 지칭할 경우에는 꼭 복수로 써야 한다.

 CONVERSATION 실 전 에 활 용 하 는 다 이 얼 로 그

A: **Close your eyes.**
B: **What are you going to do?**

A: 눈 감아 봐요.
B: 뭐 하려고요?

A: **Stand up.**
B: **Why?**

A: 일어서 보세요!
B: 왜요?

Usage

갑자기 상대방이 자신에게 어떤 행위를 요청하면 "왜?"라고 반문하는 경향이 있는데 이럴 때 사용하는 영어다운 표현이 바로 What are you going to do? 이다. 여기서 ⟨be going to do(~할 예정이다)⟩는 장래 '예정'이나 '계획'을 나타내는 표현으로 쓰인다.

Q: What are you going to do for winter vacation?
A: For winter vacation I'm going to study English.
Q: 겨울방학에 뭘 할 거예요?
A: 영어 공부를 할 작정이에요.

BASIC EXPRESSIONS 영어로 말해봐!

☆ 눈을 뜨세요.

    오픈   유어   아이즈
Open your eyes.

☆ 눈을 감으세요.

    클로즈   유어   아이즈
Close your eyes.

☆ 입을 벌려 주세요.

    오픈   유어   마우쓰
Open your mouth.

☆ 입을 다무세요.

    클로즈   유어   마우쓰
Close your mouth.

☆ 일어서세요.

    스탠덥
Stand up.

＊ Sit down. 앉으세요!

☆ 쭈그리고 앉으세요.

    스쾃
Squat.

☆ 드러누우세요.
　　라이　　다운
Lie down.

☆ 뒤로 도세요.
　　턴　　　어라운드
Turn around.

☆ 점프하세요.
　　점프
Jump.

☆ 뛰세요.
　런
Run.

＊ Walk. 걸으세요!

WORDS

- open 열다
- close 닫다
- mouth 입
- squat 쪼그리고 앉다
- lie down 드러눕다
- jump 점프하다
- walk 걷다

CHECK-POINT 회화를 위한 영문법

1. Close your eyes.

한국어에서는 "당신의 눈을 감아요."라고 하면 어색하지만 서양인들은 꼭 your를 넣어줌으로써 구체적으로 표현하려는 언어습관을 지니고 있다.

2. Close your mouth.

Shut up!(입 닥체!)과는 다른 뉘앙스의 표현으로 '입을 닫다'라는 의미로 쓰인다.

3. Turn around.

'제자리에서 한 바퀴 돌라'는 의미이다. 가령, Would you please turn around, ma'am?하면 "부인, 좀 돌아서 주시겠어요?"라는 표현이 된다.

흔히 "입 닥쳐!"라는 표현은 Shut up! / Shut your mouth.(= Shut the mouth!) / Hold your noise. / Zip your lips! 따위의 표현이 널리 활용된다.

- Shut up, be quiet! 입 닥치고 조용히 해!
- Please keep it down! 조용히 좀 해라! ※볼륨을 낮추다, 줄이다

Unit 10 구체적인 행동을 요청할 때 (2)

상대방에게 구체적인 행동이나 동작을 요구할 경우 your라는 말을 꼭 넣어야 한다. 우리말에도 "일손"이라는 단어가 있지만 hand 앞에 부정관사를 두면 a hand(도움, 일꾼)이라는 뜻이 되므로 유의하길 바란다.

일반적으로 I wonder if you can help me.와 같은 뉘앙스로 도움을 요청하면 누구든 가능하면 도와줄 것이다.

CONVERSATION 실전에 활용하는 다이얼로그

A: Clap your hands.
B: Okay.

A: 손뼉[박수]을 치세요!
B: 알았어!

A: Stamp your feet.
B: Is this okay?

A: 멈춰 주세요!
B: 이 정도면 돼?

Usage

Is this okay ~?의 패턴 문형은 상대방에게 어떤 행위에 대하여 가능성의 여부를 확인할 때 활용되는 표현법이다.

- Is this okay by express? 이것을 속달로 보낼 수 있습니까?
- Is this okay to drink? 이것을 마셔도 됩니까?
- Is this okay on the plane? 이것을 기내에 가지고 들어갈 수 있습니까?

BASIC EXPRESSIONS 영 어 로 말 해 봐 !

☆ 오른손을 올리세요.

레이즈 유어 롸잇 핸드
Raise your right hand.

☆ 왼손을 올리세요.

레이즈 유어 레프트 핸드
Raise your left hand.

☆ 양손을 올리세요.

푸츄어 핸즈업
Put your hands up.

☆ 양손을 내리세요.

푸츄어 핸즈 다운
Put your hands down.

☆ 손뼉을 치세요.

클랩 유어 핸즈
Clap your hands.

☆ 오른발을 올리세요.

레이즈 유어 롸잇 풋
Raise your right foot.

☆ 오른발을 내리세요.

로워   유어   롸잇   풋
Lower your right foot.

☆ 한쪽 손을 내미세요. / 한쪽 손을 줘 보세요.

깁미   파이브
Give me five.

＊ Give me ten. 양손을 내미세요! / 양손을 줘 보세요!

☆ 제자리에 서세요! / 제자리걸음 하세요!

스템프   유   핏
Stamp your feet.

☆ 무릎을 굽히세요. / 무릎을 꿇으세요.

벤드   유어   니즈
Bend your knees.

- raise 올리다
- right 오른쪽(의)
- put up 올리다
- clap 손뼉 치다
- foot 발 ＊feet(복수형)
- lower 내리다, 낮추다
- bend (손가락이나 허리를) 굽히다
- knee 무릎

CHECK·POINT 회　화　를　위　한　영　문　법

1. Put your hands up.

양손을 어떤 위치나 지점의 위로 올리는 행위를 말하는데 Raise your hands.라고도 표현한다.

2. Give me five.

직역하면 "5개를 줘!"지만 여기서 five는 '한 쪽 손(손가락 개수)'이라는 의미로 "한 쪽 손을 내 놔!"라는 뜻이다. ten은 양손, 즉 두 손을 의미한다. Give me five.는 하이파이브를 하자고 할 때에도 사용하는 표현이다.

3. Stamp your feet.

〈stamp one's foot〉 구문으로 '발로 쿵쿵 소리를 내다'라는 의미로 feet은 foot의 복수형으로 '양발'이라는 뜻이다.

Give me a hand. / Lend me a hand.하면 "도와주세요.(Help me.)"라는 뜻으로 사용된다. 타인에게 도움을 요청할 경우에는 정중하게 해야 하므로 꼭 앞이나 뒤에 please를 붙이도록 하자.

· I want you to help me.　　· Can you help me?
· I need your help.

과연, 영문법은 필요할까요?

Q 대한민국에서 영어를 16년 동안의 교육과정에 걸쳐 익혔지만 외국인을 만났을 때 한마디조차 제대로 건네지 못하고 당황하는 게 우리의 교육 현실이다. 이에 대한 보완책으로 듣기(청취) 교육이 중시되어 교과서에도 회화체가 비교적 많이 나오게 되었다. 문법에 대한 비중도 그만큼 낮아졌다고 볼 수 있다. 문법을 너무 자세히 배울 필요가 없다는 얘기도 많이 나오지만 과연 그럴까요?

A 외국어와 모국어 습득을 똑같이 생각해서는 문제가 있다. 물론 영어를 습득하는 시점(나이)나 환경에 의해서도 차이가 크다. 앞에서도 거론한 것처럼 음성에서도 그렇지만 문법에서도 모국어의 벽이 엄연히 존재한다. 일단 먼저 습득한 모국어 문법은 외국어 습득에 있어서 벽을 만드는 역할을 하게 된다. 모국어 구사자는 모국어 문법의 영향 하에서 외국어 문법을 이해하기 마련이다. 때문에 우리말 문법에는 없는 관사, 단수, 가산 명사, 현재완료 등의 문법 사항이 어려울 수밖에 없다.

문법이란 의미를 만들어내는 규칙이므로 이러한 규칙을 충분히 습득하지 않으면 제대로 된 문장을 만들 수 없을 것이고, 또한 독해에서도 금방 벽에 부딪치고 말 것이다. 그럼 영문법을 배우지 않으면 안 되는 것은 당연하다고 인식하더라도, 문제는 영문법을 제대로 습득하였더라도 반드시 영어를 잘한다고 할 수는 없다. 왜냐하면 언어에는 두 가지 측면이 있는데 이 두 가지가 갖춰지지 않으면 의사소통이 이루어지지 않는다. 첫째는 전달하려는 '의미(내용)' 때문이고, 둘째는 이를 전달하는 '수단(방법)' 때문이다.

일반적으로 언어의 전달 수단이나 도구로서 글자나 소리(음성)가 사용되지만 잘못 인쇄된 글자처럼 잘못된 발음으로는 결코 제대로 된 의미를 전달할 수 없게 된다. 그러니까 '통하지 않는 영어'는 대개 언어를 전달하는 수단으로서 글자보다 훨씬 복잡한 음성의 구조를 제대로 습득하지 않아서 생기는 현상이라고 볼 수 있다. 문법과 음성은 어느 한 쪽이 다른 것보다 더 중요한 것이 아니라 의미를 만드는 문법과 그 의미를 전달하는 음성이라는 측면이 나뉘어져 있을 뿐이다. 어느 한쪽에 미비한 점이 있으면 이해가 어려워지는 건 어쩌면 당연하다. 그러므로 '뜻이 통하는 영어'라는 관점에서 보면 외국어 학습에서 이러한 두 가지 요소의 습득이 필수 불가결하다고 생각하면 된다.

미국식 영어발음의 원리와 규칙
A Guide to Perfect English Pronunciation

There is no royal road to learning,
but there is a royal road to pronunciation learning.

학문에 왕도는 없다. 하지만 발음 학습에는 왕도가 있다.

♠ **한국어 발음의 벽을 뛰어 넘어라!**

이제부터 우리말(한국어)에 길들여진 언어습관을 버려야 합니다. 외국어 습득은 모국어의 강한 영향력 하에서 이루어지기 때문에 그들만의 언어습관을 제대로 이해하고 따라하는 것이 매우 중요합니다.

'통하지 않는 영어'의 가장 큰 문제점은 모국어의 언어적인 습관이나 관념에서 탈피하는 것입니다. 아무리 영문법에 능숙하고 영단어를 많이 익혔다고 하더라도 귀와 입이 한국어의 틀에 갇혀 있다면 영어발음을 극복하는 건 무리입니다.

특별부록은 한국어를 모국어로 하는 사람의 입장에서 그 모국어의 영향으로 생기는 발음의 벽을 뛰어넘을 수 있도록 일상생활에서 활용되는 영어의 발음을 습득하기 위한 방법을 제시한 것입니다. 특히 사전에 표기된 발음법에 의존한다면 의사소통에 한계를 드러낼 뿐만 아니라 구어체 영어 발음을 극복하지 못함으로써 더 이상 외국인과 영어로 의사소통을 할 수 없습니다.

♠ **통하는 영어의 3가지 핵심 포인트**

비교적 정확한 영어발음과 일상에서 사용되는 영어표현을 하였음에도 외국인과 소통이 어려울 때가 종종 있습니다. 왜 그럴까요? 통하는 영어를 자유롭게 구사하기 위해서 영어권 국가에 유학을 다녀와야 한다든지, 몇 년 동안에 걸쳐 영어학원에서 왜 영어를 공부해야만 하는 걸까요?

예를 들면 기본적인 영단어, 기초적인 영문법 그리고 중요한 것은 사전적인 영어발음을 익혀두면 보통 일상정인 영어회화 정도는 알아들을 수 있습니다. 그러나 단어는 많이 알고 있다고 하더라도 단어를 연결하여 문장을 만들지 못하면 영어회화는 할 수가 없습니다. 단어를 조합시키는 지식이 기본적인 영문법입니다. 요컨대 중학교 수준의 영어를 이해할 수 있는 실력이라면 그 다음은 영어발음 문제만 해결하면 됩니다.

흔히 영어 문장을 제대로 만들 줄 알지만 의사소통이 되지 않는 이유는 영어발음이 신통치 않았기 때문입니다. 또 문제는 자신의 영어발음이 통하지 않을 거라고 전혀 생각을 못한다는 점입니다. 다시 말하면 자기 발음이 제대로 된 영어의 발음이 아니라는 점을 몰랐다는 겁니다. 이런 실수는 교수뿐 아니라 우리도 많든 적든 오류를 범하고 있습니다.

누구나 비행기 안에서 외국인 스튜어디스에게 '애플주스'라는 간단한 단어조차도 통하지 않았던 경험이 있을 겁니다. 자신이 몰랐던 발음과 관련된 실수의 원인을 이해한다면 통하는 영어의 길은 거의 절반은 열린 셈입니다.

♠ **문제는 모국어에 있다**

자기가 만들어내는 유형과 비슷한 발음이라면(같은 한국인끼리 영어로 말할 때) 알아듣지만 본토 영어를 들으면 안 들리는 것과 일맥상통하는 문제입니다. 네이티브와 말이 통한다는 것은 본토 영어를 계속 듣고 흉내를 내면서 그들만의 영어발음이 몸에 체득되는 것을 의미하며, 동시에 리스닝도 향상된다는 의미입니다. 결국 리스닝과 스피킹은 뗄 수 없는 관계로, 서로 영향을 끼치면서 향상되어 가는 것입니다.

일반적으로 독일인이나 네덜란드인은 영어를 잘한다고 합니다. 또 중국인이나 프랑스인의 영어 발음에는 독특한 억양이 살아있다고 합니다. 그 이유는 뭘까요? 당연히 모국어의 영향 때문입니다. 이것은 당연한 일이면서도 또 아주 중요한 문제임을 의미합니다.

즉, 외국어를 익혀서 구사한다는 것은 모국어의 벽을 넘는 일이라는 점입니다. 외국어 습득에 좌절하는 가장 큰 원인은 모국어에 있습니다. 모국어의 벽을 어느 정도 뛰어넘었느냐에 따라 그 사람의 영어는 네이티브 스피커처럼 되기도 하고, 사투리가 뒤섞여 있는 영어가 되기도 하고, 통하지 않는 영어가 되기도 합니다. 그래서 외국어 습득은 누구에게나 어려운 일입니다.

♠ 한국인은 한국어의 발음 체계에 묶여 있다

우리는 대개 3살까지 모국어의 음운 체계를 익히고 5, 6살에 거의 성인 수준에 도달한다고 합니다. 모국어를 집중적으로 익히는 3살까지는 성인이 된 우리가 별로 기억하지 못하는 시기입니다. 그 시기에 익힌 모국어의 음운 체계는 너무나 강한 영향력을 가지고 있습니다. 하루 빨리 한국어의 음운 체계에서 영어의 음운 체계로 전환해야 합니다.

한국어를 모국어로 하는 우리는 영어를 배울 때 예외 없이 모국어의 두터운 벽에 직면하곤 합니다. 의미가 통하는 영어를 구사하는 사람은 이미 이러한 벽을 넘어선 사람입니다. 그러면 모국어의 벽을 넘기 위해서는 어떻게 해야 할까요? 좋은 방법이 없을까요?

한국어와 영어는 음의 체계가 다르니까 우선적으로 해야 할 일은 이 두 언어의 음운 체계를 분석하고 차이를 파악하는 것입니다. 마치 다른 문화 사이의 상이한 습관, 문화를 인정하는 것과 같습니다.

통하는 영어를 향한 길은 한국어의 영향으로 인하여 모르고 지나치는 많은 문제점을 하나하나씩 극복해 가는 과정이라고 할 수 있습니다.

♠ 미국식 영어발음과 청취의 비결

그럼 구체적으로 영어의 어떤 점이 한국어를 모국어로 하는 우리들에게 문제가 될까요? 다음에 문제점을 열거해 보았습니다. 이것들은 여전히 우리에게 어려운 점입니다. 일상적인 생활 속에서의 대화에서는 발음의 변화 현상에 의해 청취력에 장애를 일으키고 있습니다.

한국어 발음의 선입견은 무의식적으로 나오는 만큼 늘 조심해야 합니다. 어릴 적부터 영어권에서 생활한 사람은 괜찮겠지만 한국어를 모국어로 사용하는 우리에게는 뭔가 특별한 방법이 필요합니다. 여기서 나타내는 발음 현상의 대부분은 말에 의한 의사전달 표현에 적용되는 원리와 규칙입니다.

1. 리듬(Rhythm)

영어는 강약의 발음을 붙여 말하므로 영어 특유의 리듬이 생깁니다. 영어는 강약(stress)의 리듬이 열쇠입니다. 그걸 무시하면 영어가 되지 않습니다. 한국어는 언어의 속성상 표음문자이기 때문에 음의 굴곡이나 강세가 미약하여 단조로운 편이지만 영어는 모음의 변화가 심하므로 문자와 발음 사이에 상당한 차이를 나타냅니다.

영어에서 주로 강세가 오는 부분은 내용어(Content words : 명사, 동사, 형용사, 부사, 지시사, 의문사 등)로써 비교적 분명하고 또렷하게 발음하려는 경향이 강하며, 주로 문법적 기능을 수행하는 내용어(Function words : 관사, 전치사, 대명사, 접속사, be동사, 조동사 등)는 대충 약하고 빠르게 발음하려는 경향이 있습니다.

영어 리듬의 특징

영어 리듬의 특징을 정리하면 다음과 같습니다.

(1) **강약** : 영어에서는 얘기할 때 강한 악센트를 필요로 하는 부분이 있습니다. 그곳은 청각적으로 두드러지게 들리는 부분입니다. 이렇게 강한 부분(내용어)과 약한 부분(기능어)이 결합되어 나타납니다.

(2) **그룹성** : 강한 곳은 약한 곳과 연결된 형태로 한 덩어리로 발음되곤 합니다. 이것은 약한 곳이 여러 곳 있어도 강한 부분에 달라붙어 움직이는 모양이 됩니다.

(3) **등시성** : 약음을 동반한 강음은 들고 일어나듯이 나타납니다. 그런데 이러한 강음은 시간적으로 거의 같은 간격을 두고 나타나는 경향이 있습니다.

(4) **완급의 차** : 영어에는 하나의 얘기가 항상 '강약 강약 강약'이라는 리듬에 따라 이루어지는 것은 아닙니다. 단어의 종류나 그 결합에 따라 여러 가지 강형과 약형의 결합을 낳습니다. 강음과 강음 사이에 약형이 하나도 없는 경우도 있고, 약음이 3, 4개 아니면 그 이상 나타나는 경우도 있습니다. 그러니까 강음과 강음 사이에 약형이 많으면 많을수록 강음과 강음의 등시성 법칙에 따라 그 부분이 빨리 발음됩니다.

(5) **약형** : 영단어는 늘 단독으로 발음될 때처럼 소리나지 않습니다. 문장 속에서 발음되는 경우, 약음의 부분은 발음이 모호해지는 경향이 많고 단어에 따라서 단독으로 발음될 때와 사뭇 다른 발음으로 변하는 경우도 있습니다.

2. 억양(Intonation)

영어는 중국어와 마찬가지로 인토네이션 언어라고 불리며, 한국어에는 존재하지 않는 복잡한 인토네이션이 사용됩니다. 물론 우리도 지방마다 고유한 사투리 억양이 존재하지만 영어에서 두드러지는 음의 높낮이(pitch)의 변화에 주목하길 바랍니다.

- 내림조(falling pitch) : 서술문, 명령문, 감탄문, 5W1H 등
- 올림조(rising pitch) : 일반의문문(yes-no question), 평서문 등
- 혼합음조(mixing pitch) : 선택 의문문, 부가 의문문 등

3. 연음현상(Liaison)

앞단어 끝의 자음과 뒷단어 앞의 모음이 만났을 때 자연스럽게 연결(linking)되어 마치 한 단어처럼 발음되는 현상을 의미하는데 한국인에게 가장 어렵게 느껴지는 발음 현상이므로 개별적인 단어보다 어구의 연결음 차원에서 이해하면 한결 쉬워질 것입니다.

예) Will you top it up? * top it up[타피럽]
What am I going to do? * what am I[와래마이]

4. 동화현상(Assimilation)

강모음과 약모음 사이에 자음(d, t, rd, rt, ld, it, nd, nt 등)이 올 때 양쪽의 모음으로 인하여 자음이 부드럽게 파열되는 것[r]을 동화 현상이라 합니다.

예) somebody[썸바리], departed[디파리드], seldom[쎌럼], difficulty[디피컬리]

5. 축약현상(Reduced Forms)

일종의 언어습관에 의해 is, has, will, not 등이 다른 단어와 결합하여 단축형이 되는 경우 음이 달라집니다. 특히 구어에서는 강세가 없는 음절은 약하게 발음되어 거의 알아들을 수 없는 정도입니다. 발음의 편의상 빠르고 쉽게 발음하려는 경향이 있습니다.

예) I'll[아일] call you later. / I knew you'd[윳] come.

6. 탈락현상(Elusion) *생략현상

모음이나 자음의 발음이 생략되거나 회피하기도 합니다.

예) camera[캐머러], next time[넥쓰타임], kindly[카인리], what happened[와래픈드]

7. 이화현상(Dissimilation)

서로 같은 자음이 겹치거나 유사한 자음이 연속될 때 발음의 편의성에 의해 앞의 자음이 발음되지 않거나 거의 생략되는 현상을 의미하는데, 영어는 한국어와 달리 모음이 들어가지 않고 자음이 중첩되어 연결되는 경우가 많습니다. 주로 'r'음에서 많이 발생합니다.

예) clever[클레버], secretary[쌔크러리], temperature[템퍼어춰], literary[리터어리]

8. 첨가현상(Addition)

모음 i, e, ei 뒤에 l, r이 오면, 약모음인 [ə]가 첨가되어 발음되는 현상을 의미합니다.

예) spoil[스포엘], smell[스메엘], animal[애너멀], family[패멀리]